한글을 위한 생각들

한글, 인체, 생명체

한글을 위한 생각들

머리말

*
*
*

이 책에 쓴 것은 학문적인 것이 아니다. 존재하고 있다는 뚜렷한 학문적 형상도 없다.

10미터 앞에 여러 가지의 나무가 있고 사람들에게 여러 가지의 나무를 보고 느끼는 것을 제 나름대로 써 보라 한다면 사람들은 제 나름대로의 지식과 시각과 감각으로 다르게 쓰게 된다.

사람들은 분명하게 조금도 틀리지 않은 여러 개의 나무를 보았고 느낀 것을 쓰라 했는데 자신들이 본 여러 개의 나무의 모습과 느낌들은 모두 다르다는 것이다.

세상의 진실은 이것이 진실일 것 같으면 어느새 사라지고 저것이 진실이 된다. 저것이 진실일 것 같으면 저것도 어느새 사라지고 이것이 진실이 된다. 세상의 진실은 무엇일까?

내 앞 10미터쯤 한 그루의 나무가 있다.

나와 나무 사이엔 공간이 있고 나는 그 공간을 통해 나무를 본다. 그러다 나무를 안 보고 공간을 느끼며 공간만을 본다. 그럴 때는 내 앞 나무는 안 보이고 편안한 마음으로 공간을 멍하니 볼 때가 있다.

사람들은 자신에게 필요한 것만 보고 살아간다.

10미터 떨어져 있는 나와 나무 사이에 다른 물체의 담이 쌓인다면 나무의 모습은 사라지고 다른 물체의 담이 내 앞에 보일 뿐이다. 현실도 실제로 보이는 것만이 진실이 되고 현실이 된다. 나와 물체 사이에 있는 공간은 인정도 안 하고 모르면서 잊어버리면서 살아간다.

공간은 거리를 측정할 때, 면적을 측정할 때, 밀폐된 용기 속에 물체가 들어갈 양을 측정할 때 필요에 의해 계산한다.

공간이란 무엇인가. 공간 성질은 철학자들이나 과학자들에게는 항상 중요한 과제였고 수많은 토론 경쟁을 하였지만 뚜렷한 정의를 내리는 것은 어려운 것이다.

물리학적으로는 물체와 물체 사이의 공간적 집합, 좌표계에 의해 정의되는 다양체, 물체와 물체 사이 분리되는 공간, 시공간의 측정을 말한다.

천문학에서는 지구의 대기권과 우주 공간 사이의 경계선을 카르만 선에서 정한다.

수학에서는 바나흐 공간, 유클리드 공간, 힐베르트 공간, 거리 공간, 확률 공간 등등이 있다.

철학에서는 공간을 마음을 담고 있는 그릇 같은 것으로 비유하고 마음을 적절하게 표현하기 위한 적절한 공간으로 표현한다.

　지구상의 모든 사람과 생명체는 자기 나름대로 자신의 영역 안에서 살아간다.

　자신의 영역 안에서 또 다른 자신만의 생활 공간을 만들어 내어 집을 짓고 자신들의 자손 번식을 위해 살아가며

　그 삶 속에는 ㄱ, ㄴ, ㄷ, ㄹ, ㅁ, ㅂ, ㅅ, ㅇ, ㅈ, ㅊ, ㅋ, ㅌ, ㅍ, ㅎ(자음) 문자의 선이 있다.

　그 안에 ㅏ, ㅐ, ㅑ, ㅒ, ㅓ, ㅔ, ㅖ, ㅗ, ㅘ, ㅙ, ㅚ, ㅛ, ㅜ, ㅝ, ㅞ, ㅟ, ㅠ, ㅡ, ㅢ, ㅣ(모음) 문자의 선이 있다.

　나는 모음을 물, 물방울, 이슬방울, 빗방울들, 집 처마에 매달려 있는 물방울들, 풀잎, 나뭇잎에 맺혀 있는 이슬방울, 빗방울들로 생각한다.

ㅏ, ㅐ, ㅑ, ㅒ, ㅓ, ㅔ
ㅗ, ㅘ, ㅙ, ㅚ, ㅛ, ㅜ, ㅝ, ㅞ, ㅟ, ㅠ, ㅡ, ㅓ

　비 오는 날이면 작은 나뭇가지에 달려 있는 물방울들을 보며 사색하게 된다. 물방울 속에 모든 세상이 영롱하게 뚜렷이 보인다. 햇빛이 반사되며 찰나이지만 그 아름다운 영롱한 모습을 보며 사색하게 된다.

　한글의 모음은 음표의 모양과 비슷하다. 테너, 소프라노, 알토,

바리톤, 베이스 같은 음의 소리를 낸다.

세상에는 누구라도 자기만 알 수 있는 암호 문자를 만들어 낼 수 있다. 그러나 그런 문자는 아무런 의미가 없는 그림일 뿐 문자가 될 수 없다. 문자는 언어와 각종 소리들을 기록할 수 있어야 하고 긴 세월 속에서 다른 문명과 문화가 서로 어울려 소통이 되고 사람과 사람, 문명과 문화가 더욱 발달하여 서로의 메시지들이 전달되고 소통되는 가운데 문자가 저장되고 그 문자가 전달되어 서로 신뢰할 수 있는 메시지가 되어야 중요한 문자라 말할 수 있다.

상형문자는 사물의 모양을 그림 형태로 만들어 놓은 문자이며 초기 문명에서 많이 사용하다 점차 사라진다. 현재는 픽토그램으로 사용된다.

표의문자는 뜻을 기호로 표현한 문자이며 표의문자는 사물을 본뜰 필요가 없어진다. 따라서 추상적으로 표현할 수 있다. 아라비아숫자 1, 2, 3, 4, 5, 6, 7, 8, 9, 0은 표의숫자이기도 하다.

표어문자는 상당수 상형문자에 기원을 둔다.

부적과 옛 깃발, 문장 등등 또 여러 문자를 조합해 복잡한 뜻을 가진 문자를 만들어 내는 기법문자다.

문자 그대로 표어를 만들어 내는 것이다.

표음문자는 사람이 말하는 소리, 자연 속에서 들리는 소리를 기호로 나타내는 문자다. 한글과 영어는 표음문자이며 소리대로 적은 글자다.

자연에서 볼 수 있는 선인 산의 능선은 하늘과 산이 뚜렷하게 구분되며 펜으로 그은 선과 화가 나 만화가들이 맨 처음 스케치를 한 뒤 선을 다듬은 선과 하늘과 땅 사이를 날아다니는 새들의 상공 높이의 선은 다르다.

기러기류는 8km 높이로 비행한다. 독수리와 매류는 약 2km, 오리류는 약 1km, 맹금류나 제비는 그 이하의 높이로 비행하며 나는 목적과 비행의 선은 다르다.

바다의 수평선은 하늘과 뚜렷하게 구분되어 보인다.

하늘엔 구름들이 선을 그리며 끝없이 변화하면서 수평선을 만들고 바닷속에는 수많은 물고기가 자신들의 영역선 따라 조류 따라 유영하며 바닷속 바닥에서도 수많은 바닷속 생명체는 자기의 영역선을 만들며 독립적으로 살아간다.

땅의 지평선, 하늘과 땅이 만나는 선.

선은 우리가 볼 수 있는 지평선이 있고 우리가 볼 수 없는 영역의 선으로 구분된다. 땅에 사는 생명체 영역선과 산과 물체의 선에 가로막힌 지평선은 잘 보이지 않는다.

하늘과 땅 사이 한없이 넓은 공간 속에서 수많은 생명체는 자연이 자신에게 준 영역선 안에서 끊임없이 움직이며 자신의 삶을 살아간다. 한글의 선은 자연 속에서 살아가는 생명체의 삶을 표현한 문자다.

사람들은 오늘날까지 모든 만물과 함께 살아왔으며 나름대로 국가를 만들고 문명과 문화를 만들어 자기의 자손들을 번식하며 생존하였으며 앞으로는 영원히 자신의 삶과 영혼을 위해 살아갈 것이라고 믿는다.

누구나 다양하게 ㄱ에서부터 ㅎ까지 선들을 다른 선으로 바꿀 수 있다. 이 글 속에서의 "~이다."라고 쓰고 단정 지은 것은 글을 쓰기 위한 방편이었기 때문이다. • 점에서부터 시작된 선은 생각의 선이며 그 생각의 선이 ㄱ에서부터 ㅎ까지 이어진다면 표현은 완성된 선이다.

✳
✳
✳

한글 자음 ㄱ에서 ㅎ까지 어떤 의미와 새로운 정신적 메시지가 있는 것 같아 의미를 부여해 보았다.

한글 자음을 각각 떨어지게 하여 점과 가로, 세로로 의미를 부여했다. •, ㅡ, ㅣ, ㅇ

1. ㄱ을 하늘과 생명체로 의미를 부여해 보았다.
2. ㄴ을 땅과 생명체로 의미를 부여해 보았다.
3. ㄷ을 하늘과 땅과 생명체와 생명체들의 삶의 통로와 공간으로 의미를 부여해 보았다.
4. ㄹ을 하늘과 땅과 생명체들과 평등으로 의미를 부여해 보았다.
5. ㅁ을 하늘과 땅, 남자와 여자, 높음과 낮음, 강함과 약함, 안과 밖, 밝음과 어둠이 결합되면 완벽한 완성체의 모습으로 의미를 부여해 보았다.

6. ㅂ을 생명체와 땅과 여행 그리고 자신의 한계선, 위쪽과 아래쪽이 연결되는 순서 속에서 모든 생명체와 사람들의 자신과 삶이 스스로 빠져나올 수 없는 함정 속에 빠진다는 것에 의미를 부여해 보았다.

7. ㅅ을 물질 에너지의 움직임과 사람들과 생명체들이 스스로 가지고 있는 특성과 모양 따라 가지게 되는 자신의 영역, 사람들마다 가지게 되는 영역들에 의미를 부여해 보았다.

8. ㅇ을 공간, 순환, 영원들에 대해 의미를 부여해 보았다.

9. ㅈ을 생명체들과 사람들의 영역과 한계선들과 특성 따라 가지게 되는 영역과 성장의 선에 의미를 부여해 보았다.

10. ㅊ을 자연, 생명체들, 사람들 속의 리더의 위치, 책임 모습, 잘못하면 밑으로 추락해야 하는 것에 의미를 부여해 보았다.

11. ㅋ을 형벌, 행운, 자연재해, 돌출적인 분노, 신의 힘에 대해 의미를 부여해 보았다

12. ㅌ을 하늘, 땅, 평등으로 의미를 부여해 보았다.

13. ㅍ을 자연의 완성된 순환, 사람들의 몸과 삶과 세상은 순환한다는 것에 의미를 부여해 보았다.

14. ㅎ을 처음과 나중 그리고 영원함이 있는 것 같은 메시지의 끝 문자 ㅎ이라고 생각했다. ㄱ에서 ㅎ까지의 생각 속에서 많은 것을 깨달았다.

목 차

01.

ㄱ(기역) : 하늘선, • 점 하나에서 시작

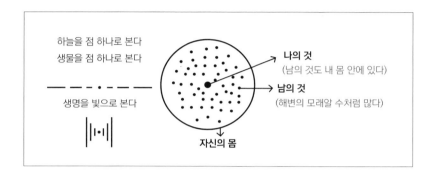

한글 자음의 첫 번째 문자는 ㄱ(기역)이다.

❶ 높음과 강함을 의미한다. ㄱ(기역)에서 ― 는 하늘선이다.
│ 는 생명선이다.

높은 곳의 상징인 하늘에는 빛이 있고 넓음이 있다.

그리고 큰 것, 긴 것, 강함과 한없이 많은 양을 표현할 수 있는
곳이 하늘, 한국 민족이 역사 속에서 끊임없이 나타내는 높음의
상징 역시 하늘이다. 하늘을 표현함에는 인간관, 인간 사회관, 인
간 내면 세계관이 들어 있다. 하늘은 형이상학적으로 점에서 시작
되며 문자화로 표현된 ㄱ(기역)이다.

❷ 점(•)에선, 해와 달과 별 그리고 나무의 선, 산의 선, 강물과

바다의 선, 물속에 사는 생물들과 땅속에 사는 생물들, 땅 위에 사는 생물들의 하늘선을 표현한 형이상학적 하늘선 ㄱ(기역)이다.

❸ 세상에는 자연과 인간 그리고 수많은 생명체와 인간 내면적인 세계가 있다.

한글 자음 첫 번째 문자 ㄱ. ㅡ는 하늘선이다. ㅣ는 생명선이다.

인간 또는 생명체들의 하늘선 눈, 코, 입, 귀, 피부의 촉각을 표현한 형이상학적인 문자 ㄱ.

눈, 코, 입, 귀, 피부의 촉각 기능대로 뇌를 통해 빛의 속도로 온몸으로 전달되는 기능은 경이롭다.

얼굴, 목, 팔, 다리, 몸통, 온몸을 감싸고 있는 피부 등 모든 기능이 독립적으로 분리되어 있음에도 동시에 반응하고 움직이는 기능은 경이롭다.

내면적인 세계에서의 ㄱ(ㅡ는 하늘선이다, ㅣ는 몸 안 생명선이다)

10미터 떨어진 곳의 한 그루 나무를 보기 위해서는 공간을 통해서만 가능하다. 나와 나무 사이에 존재하는 공간을 먼저 인정하고 나무를 보고 있다고 생각한다면 나는 지금 공간을 보고 있는 것이라고 말할 수 있다. 나는 지금 나무를 보고 있다고 한다면 나는 공간을 보고 있지 않다고 말할 수 있다.

나와 나무 사이에 있는 공간을 생각하지 않아도 나무를 정상적으로 볼 수 있기 때문이다.

인간의 내면적인 정신세계는 나와 나무 사이에 있는 공간이 아닐까. 세상 사람들은 사람마다 세상 보는 것이 다르다.

사람마다 굴절된 각도에서 세상을 보고 살아간다.

꿈도 다르고 욕망도 야망도 다르다.

아무리 똑똑하고 명석한 사람들도 자신이 찾고자 하는 것들이 사방에 존재하는데 찾지 못하고 지나간다.

욕망과 야망 그리고 꿈이 있는 사람들은 욕망 안에, 야망 안에, 꿈 안에 하늘선이 있어야 한다.

비 온 뒤 나뭇가지에 매달린 맑고 영롱한 물방들을 속에 세상 모든 것이 담겨 있듯 욕망 안에, 야망 안에, 꿈 안에 해와 달과 별들의 하늘선이 있어야 하며 그래야만 어두운 밤이 찾아온다 해도 방향을 잃지 않고 목표를 향해 방향을 유지하며 꾸준히 나아갈 수 있다.

넓은 겨울 바다 같은 사회 속에서 길을 잃지 않고 목적지까지 가려면 밤하늘의 별을 좌표 삼아 움직여야 목표의 땅에 도착할 수 있으며 방향을 잃지 않고 꾸준히 목표를 향해 나아가는 사람은 주위에서 인정을 받게 되어 언젠가는 홀연히 하늘 높이 비상하는 성공자가 될 수 있다.

특별한 것 없는 듯 세상과 어울려 더 좋은 세상을 만들어 가는 성공자가 될 수 있다.

목표 없고 하늘선도 없어 방향을 잃은 욕망과 야망 그리고 꿈들은 길 잃은 야생동물들과 같다.

욕망 안에, 야망 안에, 꿈 안에 증오와 분노, 투쟁과 폭력이 있으면 그건 들개들의 야망, 들고양이들의 욕망, 참새들의 꿈일 뿐, 성공한다 해도 자신의 욕심만 채울 뿐, 좋은 세상을 만들 수가 없다.

하늘의 형이상학적인 하늘선, 생명체들마다 그 삶의 선은 다르다. 그러나 무엇 하나 다를 것이 없다.

모두가 점(•)에서 시작된다는 것이기 때문이다.

하늘

하늘의 해와 달과 별
아주 먼 옛날 어둠 속에서부터 빛나듯이
지금도 먼 옛날과 다름없이 빛나고 있다.
내 가슴속 영혼의 통로에도 빛나고 있다.

끊임없이 흐르는 강 아주 먼 옛날 밝음이 찾아온 후
흘렀듯이 지금도 먼 옛날과 다름없이 흐르고 있다.
내 가슴속 영혼의 통로에도 흐르고 있다.

아주 먼 옛날 힘 실린 바람이 어둠과 밝음 속에
땅과 강과 숲 사이를 할퀴고 스치며 지나갔듯이
지금도 먼 옛날과 다름없이 순풍은 스쳐 지나가고 있다.
지금도 내 가슴속 영혼의 통로에도 바람이 스쳐 지나고 있다.

내 주위에는 하늘의 해와 달과 별이 있는 밝음 속에서
입체적인 도형의 선들이 바람에 춤추고 있다.
아주 먼 옛날 밝음이 시작될 때부터 입체적인 도형의
선들이 그림자들을 만들어 바람에 춤추었듯이.

아주 먼 옛날 영혼의 통로 문이 열려 하늘에 바람이 불고
구름이 모여 땅과 강과 숲에 비를 내리게 했듯이
지금도 먼 옛날과 다름없이 땅과 강과 숲에
비가 내리고 있다.
산의 하늘선, 숲의 하늘선, 나무의 하늘선, 작은 풀들의 하늘선에는
투명한 물방울들이 맺혀 있다.
아주 먼 옛날 영혼의 문이 열릴 때 땅과 강과 숲속에
비가 내렸듯이 지금도 옛날과 다름없이 땅과 강과 숲에
비가 내린다.

02.

ㄴ(니은): 땅

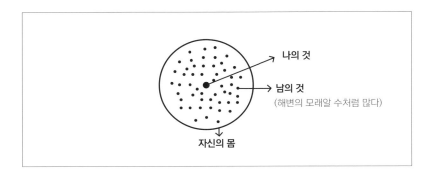

ㄴ(니은)은 한글 자음 두 번째 문자다.

❶ 한글 자음의 첫 번째 문자 ㄱ(기역)이 하늘이라면 ㄴ(니은)은 땅
이다.

생물학적으로 ㄱ(기역)이 남자라면 ㄴ(니은)은 여자다. ㄱ(기역)
이 밝음이라면 ㄴ(니은)은 어둠이다.

❷ 자연 속의 ㄴ(니은), ㅣ는 생명선이다, ━는 땅의 선, 여행선
이다.

ㄴ(니은)은 땅을 의미한다. 땅은 높음과 낮음으로 되어 있고 높은 곳은 ㄱ(기역)이 되고 낮은 곳은 ㄴ(니은)이 된다.

높은 산과 낮은 산이 있으면 높은 산은 ㄱ(기역)이 되고 낮은 산은 ㄴ(니은)이 된다.

짐승 중에 잡아먹는 짐승은 ㄱ(기역)이 되고 잡아먹히는 ㄴ(니은)이 된다.

식물 중에서도 나뭇잎과 꽃과 열매가 열리는 가지는 ㄱ(기역)이 되고 뿌리는 ㄴ(니은)이 된다.

물은 높은 곳에서 낮은 곳으로 흐른다. 이런 자연의 법칙 따라 땅에는 필연적으로 자연히 생명체들도 생물학적으로 먹이사슬이 생겨나고 생물학적인 ㄱ(기역)과 ㄴ(니은) 같은 질서의 법칙은 생명체들의 어느 곳이든 분포되어 있고 또 생명체들은 ㄱ(기역)과 ㄴ(니은)의 법칙 안에서 살아간다.

❸ 모든 생명체, 숲에 사는 동물들과 숲속을 날아다니는 생명체들과 땅에 서식하는 식물들은 그 종류마다 크고 작음과는 관계없이 자신들의 영역들이 분포되어 자신들의 영역에서 서식하며 또 식물들은 종류마다 군락지를 이루고 살아간다.

겨울이 지나고 봄이 오면 사람들은 오감으로 자연스럽게 자연의 아름다움과 신비로움을 체험하며 바빠진다.

식물들은 봄이 오면 ― 땅에서 싹이 나오고 ㅣ 나뭇가지에서도 싹이 나오고 꽃이 피고 빛을 찾아 기운 따라 하늘을 향해 자신의 모습을 드러낸다.

자신의 하늘선 ㄱ(기역)을 만들어 나가고 하늘에서 빛을 받은 만큼 바람과 구름과 비의 힘을 받은 만큼 식물들은 자신의 하늘선 (ㄱ)을 만들어 나간다.

❹ ㄴ(니은)은 인간을 형이상학적으로 표현한 형상이다.

ㅣ(몸), ㅡ(팔다리), 사람은 인체적으로 몸의 피부는 하늘선이 되고, 모든 촉감과 머리의 뇌를 통해 피부로 느껴지는 것들은 몸으로 전달된다.

하늘(ㄱ)의 것은 밑으로 떨어진다. 사람의 인체적인 얼굴은 하늘(ㄱ)선이며 입으로 먹고 귀로 듣고 눈으로 보고 코로 맡고 피부르 느낄 수 있는 것들은 모두 뇌를 통해 몸으로 전달되어 한글 문자적 형이상학적인 글자의 형상으로 만들어 나간다.

하나로 시작되는

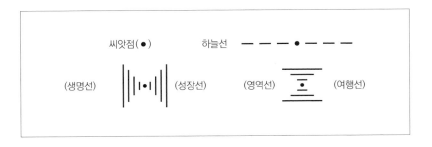

ㄱ(하늘), ㄴ(땅), ㄷ(생명체의 영역 여행), ㄹ(하늘과 땅 사이에서 서로 어울린다), ㅁ(하늘과 땅 사이).

생물학적 ㄱ, ㄴ 법칙이 만들어지고 그 안에 구름과 비의 하늘선 ㄱ(기역)이 만들어지고 바람의 ㄷ 이중 통로가 생기고 생명체들마다 집이 생기고 사회와 가정과 마을이 생기고 주거 지역을 형이상학적인 선과 각으로 표현한 문자가 바로 ㅁ(미음)이다.

ㅂ(생물학적으로 결합된 것, 떨어질 수 없는 조합)은 과학적으로 물이 수소 원자 2개와 산소 원자 1개로 결합되어 떨어질 수 없는 결합, 영역의 결합, 자신의 존재감 속으로 결합되는 함정의 선(ㅂ)이다.

ㅂ(비읍): 결합된 함정의 선이 선하든 악하든 강하든 약하든 부(富)하든 빈(貧)하든 형이상학적인 선이 만들어지면 삶의 통로 속에서 모든 생명체의 자신들은 운명적으로 받아들여지는 함정의 선이 ㅂ(비읍)이다.

ㅅ(시옷): 영역의 선. 모든 생명체마다 면적, 키, 부피, 무게, 그 씨앗이 모두 달라 성장도 다르고 계절마다 열매와 꽃을 피우는 것도 다르다.

ㅇ(이응): 처음과 나중이 계속 순환되는 선.

ㅈ(지읒): 자신의 기준선. 모든 탐욕, 욕심, 분노 등 자신의 경계선.

ㅊ(치읓): 자신의 경계선을 넘어 버리면 새로운 세계, 새로운 개체, 죽음 병.

ㅋ(키읔): 새로운 세계의 돌출적인 힘, 형벌의 선. 성공자의 힘.

ㅌ(티읕): 또 다른 새로운 세계의 선. 하늘, 생명, 땅의 평화선.

ㅍ(피읖): 늘거나 줄어듦이 없는 선. 완전한 지구, 완전한 생명체.

ㅎ(히읗): 하늘(ㄱ)과 땅(ㄴ)은 영원하다.(○) 사람은 영원하다. 사람의 몸이 씨앗점(•)에서 형이상학적인 선을 만들어 가며 성장하는 선. 우리 몸 안의 오장육부가 완벽하게 자신의 위치를 잡아 기능대로 끊임없이 움직이며 인체의 수명을 담당하고 수명이 다 될 때까지 기능대로 순환하여 인체를 완전하게 유지하게 하는 순환의 선. 인간과 모든 생명체가 자신의 한계선 ― 안에서 끊임없이 움직인다.

생명체들마다 자신의 영역의 한계선 안에서 움직이고 성장하며 산다. 자신의 종족 번식의 삶은 ㄱ, ㄴ, ㄷ, ㄹ 문자선 같은 선 안에서 살아간다.

식물들은 꽃과 열매와 씨앗을 만들기 위해 성장하고 ㅇ(이응)의 원형 속에서 한쪽은 늙어 가고 한쪽은 태어나면서 ㅎ(히읗)까지 가는 형상이다.

자연 속에서 ㄴ(니은)은 땅이다.

인체적으로 ㄱ(기역)은 얼굴과 피부이고 몸통과 팔과 다리는 ㄴ이다.

팔과 손은 자신이 원하는 것을 만질 수 있고 또 만들어 낼 수 있고 조립할 수도 있고 해체할 수도 있다. 팔과 손의 뼈마디는 32

개로 되어 있으며 양팔과 손은 64개의 뼈마디로 되어 있다. 원하면 무엇이든지 자신이 가질 수 있다.

다리는 어느 방향이든 어느 장소이든 원하면 지구 끝까지라도 갈 수 있으며 다리와 발목을 움직이게 할 수 있는 뼈마디는 한쪽에 30개의 뼈가 있고 양다리와 발에는 60개의 뼈마디가 있다. 사람들은 자신이 원하면 세상 어느 곳이든 갈 수 있다.

이동 역할을 하는 팔과 다리의 선은 ㄴ(니은)의 선이다.

팔과 다리의 그 한계선은 ㅈ(지읒)의 형상이다.

그렇다면 성장의 크기가 다른 형상은 어떻게 ㄴ(니은)의 평행선(━)이 될 수 있단 말인가?

한글 문자는 형이상학적인 선의 문자이다.

선이 직선이든 곡선이든 원형이든 원형선이 직선이 될 수 있으며 직선이 원형선이 될 수 있는 하나의 점(•), 하나의 물방울 같은 씨앗점 같은 선이기 때문이다.

내면적인 세계에서의 ㄴ

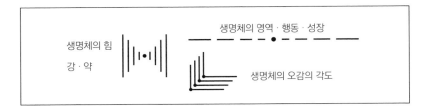

마음 안의 영혼.

땅 위에서는 강함과 약함, 높음과 낮음이 있다.

삶 속에서 지위가 높은 사람, 평범한 사람, 자신의 선을 넘어 죄를 짓는 사람, 확실하게 구분된 사회 속에서 사람들은 모여 살아간다. 형이상학적인 선, ㄱ, ㄴ, ㄷ, ㄹ, ㅁ, ㅂ, ㅅ, ㅇ, ㅈ, ㅊ, ㅋ, ㅌ, ㅍ, ㅎ 이 한계선 안에서 새로운 세계를 찾고 창조하며 개척해 가면서 사람들은 사랑하고 용서하고 무엇인가 발견해 가면서 기뻐하고 환희하며 살아간다.

강하면 먹고 약하면 먹히는 세상 속에서 진실과 허구를 구분하며 이해하고 화해하고 용서함은 살아가는 삶 속에서 필연적으로 찾아오는 과정이다. 사람들은 이러한 희, 로, 애, 락의 삶 속에서 자신의 한계선을 만들고 뚜렷한 획의 선을 긋고 자신의 삶을 살아간다.

뚜렷한 한계선을 구분하고 진실과 허실 속을 오가며 남의 영역을 침범하지 않고 살아가는 것은 사회 속의 규범이며 규칙이다.

벌레들은 습하고 부패된 곳에서 생겨 나오지만 영혼은 어느 곳이든 어떠한 신분이든 어떠한 죄를 지은 사람이든 항상 우리의 내면 속에서 숨 쉬고 있다.

생명

흙 속의 돌, 땅의 지평선엔 나무와 풀, 작열하는 태양의 햇살은 푸른 나뭇잎에 멈추어 수많은 그림자를 만들어 낸다. 그리고 우리들의 마음속 깊숙이 들어온다.

나는 호흡한다.

잠시도 멈추지 않는 바람은 우리들에게 말한다.

끊임없이 움직이며 말하고 소리친다. 먹이를 찾으라고 말한다.

수많은 세월과 역사가 흘러간 지금도 바람은 끊임없이 불어 땅과 강과 숲속을 지나간다.

때로는 회오리바람으로 태풍과 강풍과 순풍으로 우리의 곁을 지나간다.

수백 년 된 고목나무도 쓰러뜨리며 우리의 귓전을 스치면서 경고하며 지나간다.

터줏대감들은 붉은 깃발을 휘날리며 먹이사슬에 참여하라고 분노하라고 소리치며 지나간다.

우리들은 가만히 있을 수 없다.

소와 돼지와 가축들은 자동 시스템으로 부위별로 도려내어 우리들의 식탁에 올려놓기 위해 기계를 움직인다.

하늘의 까마귀도 하늘을 비행하며 먹이를 찾아 날개를 펴며 쏜살같이 땅으로 비행하며 차에 치여 죽은 동물의 사체 살을 뜯어 하늘로 올라간다.

들고양이들도 쥐와 먹이를 찾아 여행한다.

자신들에게 주어진 양식들을 쟁취하기 위해 밤낮없이 여행하며 끊임없이 움직인다.

편안한 장소가 있으면 그곳에 서식하며 조용히 휴식을 하며 자신의 영역을 만들어 살아간다.

태양 빛이 작열하며 산과 들과 강물에 수많은 그림자를 만들어 내는 도형의 세상 속에서 우리도 자연이 만들어 낸 순환의 세상을 응시하며 조용한 휴식을 취하며 내일을 위해 고단한 잠을 청한다.

03.

ㄷ(디귿): 하늘과 땅과 생명체

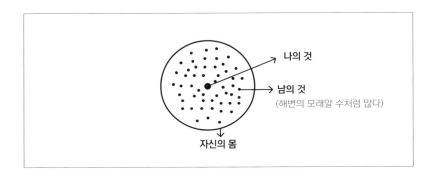

ㄷ(디귿)은 한글 자음 세 번째 문자다.

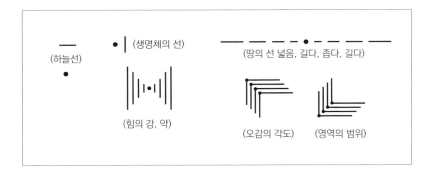

❶ 자연 속의 ㄷ(디귿) 선은 하늘과 생명체(ㅣ), 땅의 선(一)이며 ㅣ 선은 생명체들의 동(動)적인 선을 형상화한 것이다.

하늘과 땅 사이에 존재하는 생명체들은 자신들만 가질 수 있는 공간적 영역 안에서 먹이를 찾아 여행한다. 그 안에는 자신들만의 질서의 존재가 생명체의 한계선을 만들어 생존한다. ㄱ, ㄴ, ㄷ, ㄹ

생명체들의 ㄷ(디귿)의 공간적 영역 안에는 한글 문자의 형이상학적인 • 점선과 평행의 선, 각도와 곡선과 절선, 원형선의 도형들이 존재한다.

동물들의 종류마다 질서의 선, 질서의 한계선이 형이상학적인 문자의 한계선이 만들어지고 그 안에서 자신이 살다 죽는 공간적 통로 ㄷ(디귿)이 만들어져 공간적인 경계선 ⊓⊓⊓⊓ 이 사다리의 형상처럼 만들어진다.

자연적으로 동물들은 먹이를 중심으로 ㄷ(디귿)의 공간적 통로와 영역이 있다.

식물들은 땅의 형태와 기온과 습도, 빛의 노출 강도에 따라 ㄷ(디귿)의 공간적 영역이 만들어지고, 분배되는 면적에 의해 자신들의 군락지와 영역이 만들어져 이동한다.

❷ 생명체적 ㄷ(디귿) 세상에는 아무리 보잘것없는 물질이라도 ㄷ(디귿)의 공간적 영역의 선을 그으면 선 안에는 새로운 공간이 만들어지고 시간과 세월이 만들어진다.

눈에 보이지 않는 미생물의 세계에서도 ㄷ(디귿)의 공간적 영역의 선을 그으면 그 선 안에는 새로운 미생물의 세계가 있고 새롭게 이어지는 공간이 있다.

ㄷ(디귿) 문자는 하늘과 땅 사이에 존재하는 어떠한 개체의 생명체이든 그 존재에 대해 존중하는 하늘과 땅의 선이 그어지고 그 안에서 자신들의 존재가 주체가 되어 영역이 분배되고 만들어져 영역과 한계선이 만들어진다. ㄷ(디귿)의 선은 어떠한 개체의 생명체이든 자신이 주체가 된다는 것을 의미함이고 ㄷ(디귿) 문자에는 생명 존중의 뜻이 있으며 ㄷ(디귿) 문자에는 모든 생명체의 존재에 대한 영역권과 생명권과 생활권이 분배되어 생명체의 존재를 존중해야 한다는 뜻이 있다.

❸ ㄷ(디귿) 문자는 인체적으로 형이상학적인 형상을 표현한 문자다. 얼굴과 피부와 양팔과 다리와 오장육부다. 맨 위의 ― 선은 얼굴과 피부, ㅣ 선은 몸통과 오장육부의 선이다. 맨 밑의 ― 선은 팔과 다리의 선이다.

❹ 사람들의 사회적 ㄷ(디귿)

ㄷ(디귿) 문자에는 생명 존중의 뜻이 있으며 모든 생명체의 생명권과 생활권을 존중해야 한다는 뜻이 있으며 국가가 존재하면 국가 안에는 사회와 문화가 있어서 사람들은 사회와 문화의 생활 속에서 살다 죽는다. 사람들에게는 마음의 날개가 있으며 감정의 날개가 있다. 꿈과 욕망, 야망의 날개가 있으며 자신이 가진 재주와 능력을 마음대로 펼칠 수 있는 자유가 있다. 공간적 영역이란 자신의 재주와 능력만큼 무엇이든 살리고 창조하고 만들어 내는

것을 의미한다.

　주위에서 인정받고 자신의 능력을 뛰어넘어 성공한 사람들이 많은 사람에게 그 사회가 아무리 추워도 봄 같은 기운을 불어넣어 주는데 그런 사람이 되는 문자가 ㄷ(디귿)이다.

　물방울의 세계에서 • 부딪힘으로 인하여 큰 물방울이 되어 밑으로 떨어져 땅을 적시고 생태계를 유지시켜 주듯 생명체들의 세계에서도 질서를 유지하기 위해 부딪히고 먹히고 먹어 생태계는 유지된다.

　인간 사회적 세계에서도 선한 것과 악한 것을 가리기 위해 부딪히고 싸우고 승리자와 진 자는 다시 법정에 서서 선한 것과 악한 것을 가리기 위해 부딪힌다.

　사람들에게 양식이 될 수 있는 것은 살고 승리한다.

　사람들에게 독이 되는 것은 버려지고 패배한다.

　ㄷ(디귿) 문자는 한국인의 선진 민주 정신적 통로 같은 뜻이 있어 모든 것이 융합되어 구름처럼 단비를 내리는 형상이다.

　풀, 작은 나무의 그 생명력은 일반 서민 계층이 살아가는 생명력과 같다. 영원히 죽지 않는 생명력이므로 아무리 추운 겨울이 왔다 해도 풀과 작은 나무들은 봄에 보면 땅 위에 푸른 싹을 내보내고 작은 나무(서민의식)들은 가느다란 가지마다 푸른 싹이 나온다. 풀과 작은 나무들이 피워 낸 싹과 꽃들의 모습은 말할 수 없을 정도로 자연의 모든 비밀을 간직한 모습을 가지고 있다. 들꽃들은 저마다 우주의 수만 가지 비밀을 가지고 제각기 다른 모습으로 꽃을 피우고 열매를 맺으며 때가 되면 누구의 기억에도 기억되지 않고 소리 없이 사라진다. 누가 저 풀들과 작은 나무들의 종류마다 하늘선과 땅의 선을 만들어 주며 누가 저들을 인정해 줄 것인가?

선진국이 되면 행정, 사회 지도층이 인정해 주는 것이 ㄷ(디귿) 문자 속에 들어가 있다.

통로

강둑을 걸으면서 무심히 강물을 본다.
강물은 내게 이렇게 말했다.
당신은 허공만 치는 사람이오.
나는 돌 하나를 주워 강물 위에 던져 주었다.
강물은 내게 이렇게 말했다.
당신은 돌 하나를 무심코 던졌지, 나를 맞추지 못했다.
나는 혼자 웃어 버렸다.
그리고 강물과 공간에 불어오는 바람은
나에게 속삭이듯
강물은 지금도 옛날처럼 그렇게 흐르면서
흐르는 물결이 수많은 말을 하고 있는데
당신은 그 소리들을 듣지 못한다.
나는 혼자 웃어 버렸다.

04.

ㄹ(리을): 어울리다, 하늘과 땅은 어울리다, 높음과 낮음은 어울리다

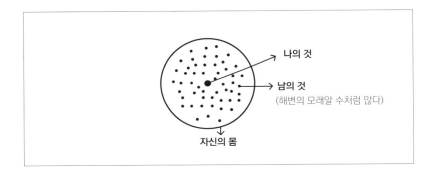

ㄹ(리을)은 한글 자음 네 번째 문자다.

❶ 자연적 ㄹ(리을)의 맨 위의 ― 선은 하늘선이다. 중간의 ― 선은 평등선이다. 밑의 ― 선은 땅의 선이며 하늘선과 평등선을 잇게 하는 ∣ 선은 생명선이다.

ㄹ(리을) 밑의 — 선은 땅의 선이다. | 선은 생명체의 선이다. 생명체들의 통로, 생명체들의 성장, 영역, 움직임의 선이다.

생명체들의 최상의 하늘선은 평등, 자신들의 영역 존중선이다. 먹고 먹히는 먹이사슬의 법칙 안에서도 평등선이 있다. ㄹ(리을)의 중간선은 자신의 영역, 모든 생명체마다의 영역을 인정하고 존중해 주는 하늘선, 평등선이다.

❷ 인체적 ㄹ(리을)의 맨 위의 — 선은 하늘선이며 머리와 얼굴의 눈, 코, 입, 귀의 선이다. | 선은 목의 선이며 몸의 경추의 움직임은 앞뒤로 목을 젖힐 수 있고 양옆으로 움직이며 머리와 얼굴을 자유롭게 어떠한 물체와 사물에 가까이 맞닿게 할 수 있게 하는 역할을 한다.

경추의 신경은 팔과 손으로 연결되어 있어 팔과 손의 움직임을 원활하게 해 주는 역할을 하고 허리와 다리까지 연결되는 통로다.

ㄹ(리을)의 중간선(—)은 어깨와 팔의 선이다.

얼굴과 온몸을 방어할 수 있고 접촉할 수 있는 팔과 손은 사람들의 생활과 생존 속에서 모든 의, 식, 주를 해결하는 역할을 한다.

온몸에 필요한 장식물들을 착용하게 할 수 있고 사람들이 자신의 재능을 온몸으로 보여 줄 수 있는, 재주와 능력을 보여 줄 수 있는 역할을 하며 사람들에게 문화와 역사를 만들어 내게 하는 — 선이다.

ㄹ(리을)의 중간선(|)은 몸 안의 오장육부가 완벽하게 자리하고 있어 제자리에서 끊임없이 움직이며 자신의 기능을 다하여 온몸에 혈액이 순환되고 안 좋은 독소들을 분해하고 단백질을 분해하고 모든 면역 세포의 기능을 재생하는 역할을 한다.

육부는 사람들이 먹는 음식을 소화시키고 모든 영양소를 분해하고 좋은 영양소는 몸 안으로, 그 외의 찌꺼기는 배출하여 몸이 완벽하게 제 기능을 할 수 있게 하는데 그 역할을 하는 것이 ㄹ(리을)의 중간선(|)이다.

ㄹ(리을)의 맨 밑의 — 선은 다리와 발의 선이며 다리와 발은 몸의 모든 중량을 받쳐 주고 머리와 목과 몸의 모든 신경을 경추와 척추와 요추로 연결하여 다리와 발로 이어지는 통로 역할을 한다. 몸의 모든 것이 완벽하게 어울려 사람들이 세상 어디든지 여행할 수 있는 점(·) 5개로 시작해 점으로 끝나는 형이상학적인 ㄹ(리을)은 어울림을 의미하는 문자다.

착각의 작은 새

세찬 바람이 노란 햇살을 뚫고 내 곁을 지나가며 내게 말했다.
몸은 괜찮아?

나는 웃으며 옷깃을 여미며 말했다.

너는 저 산 너머 에덴의 한가운데 하나님이 머무는 곳에서 왜 나를 찾아왔느냐?

바람은 다시 휘몰아치며 내게 말했다.

수많은 알 수 없는 세월이 흐르기 전 이 장소, 이 시간에 내가 너의 옷깃을 스쳐 지나갔듯 오늘 나는 또다시 너의 옷깃을 스치며 지나가게 되었다.

나는 바람에게 말했다.

저 산등성 너머 에덴의 한가운데 하나님이 머무는 곳에서 어떻게 떠나 내 곁을 지나갈 수 있단 말인가?

바람이 다시 휘몰아치며 내게 말했다.

물론 없지. 그런 시간이야 1초가 천 년이 될 수 있는 것이 아닌가.

나는 남쪽 하늘을 올려다보았다.

아! 저기 오는군.

먼 옛날에 숲속에서 소리를 들려주던 작은 새.

흰 구름들이 활짝 날개를 펴고 산등성 넘어서 푸른 하늘에 붉은 홍조를 엷게 띠며 힘찬 날갯짓하듯 바람 뒤편 너머 내 곁으로 오고 있었다.

잠시 후면 눈이 오겠지. 수많은 세월이 흐른 뒤편에 왔던 모습처럼 하얗게 그리고 아름다운 모습으로 세상을 하얗게 덮을 거야.

나는 세찬 바람과 함께 노란 햇살을 뚫고 현실의 선을 넘어섰다.

휘몰아치던 바람은 멀리 사라졌고 내가 넘어선 곳은 큰 산 밑의 커다란 폭포가 아름다운 무지개를 만들며 떨어져 내리는 곳이었다. 나는 그곳에서 사슴이 되어 있었다.

그리고 귤 같은 노란 과일을 먹고 있었다.

어디선가 날아온 작은 새가 내게 말했다. 무엇을 먹고 있느냐?

나는 말했다. 나는 지금 우주를 먹고 있는 것이다.

작은 새는 말했다. 그럼 나는 어떻게 되는 것인가? 그리고 이 아름다운 동산은 모두 당신 배 속에 들어가는 것인가?

나는 웃으며 말했다. 어찌 내가 당신과 이 아름다운 동산을 먹을 수 있단 말인가. 그러나 나는 너와 이 동산을 먹고 있는지도 모른다. 내가 먹고 있는 과일 속에 수많은 우주와 수많은 행성과 지구와 생명체들이 존재하는지도 모른다. 그렇다면 내가 현실에 없어도 다른 곳에 나와 똑같은 존재가 살아 있단 말인가. 그렇다. 우주와 지구와 과일나무가 완전히 없어지지 않는 한 이 아름다운 동산과 당신은 영원히 살아 있는 것이다. 당신도 이 우주를 먹어 보시겠소?

작은 새는 작은 열매 하나를 입에 물고 삼키고 있었다.

그리고 하늘 높이 날아오르며 내게 말했다. 당신과 나는 없다 해도 있는 것이고 있다고 해도 없는 것과 같이 현실과 그리고 선(線)과 그리고 순환의 세계 속에서 언제나 같이 있을 것이오.

사슴이 된 나는 다시 노란 햇살을 뚫고 현실의 선을 넘어섰다. 그리고 그곳에는 바람이 불고 있었다.

바람이 내 곁을 스치고 지나가며 내게 말했다. 몸은 괜찮아?

나는 웃으며 옷깃을 여미고 있었다.

05.

ㅁ(미음): 완성체, 인간, 가정, 지구

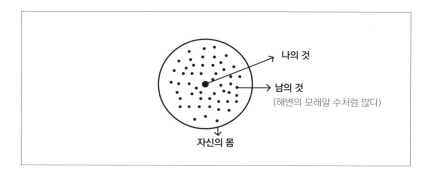

ㅁ(미음)은 한글 자음 다섯 번째 문자다.

❶ 자연적으로 ㅁ(미음)은 ㄱ: 하늘, ㄴ: 땅이 만든 선이며 ㅁ(미음)의 선은 하늘과 땅이 만든 공간이다. 하늘과 땅에는 동, 서, 남, 북으로 방위가 있으며 지구 어느 지형에 있든 방위를 알면 자기 자신이 어느 방향으로 갈지 목적지를 설정하여 목적지까지 이동할 수 있다. 지구에서 여러 나라의 권역을 구분하는 방법이 여러 가지 있지만, 동, 서, 남, 북 방위와 위도를 설정하고 권역의 경계선이 있다. 국가들 안에 사회, 개인의 영역 또한 구분되어 있다. ㅁ(미음)의 선은 국가의 경계선이 있고 사회 안에서는 기업체, 단체는 그들이 가지가 되는 경계선이 있어 자신들이 스스로 그 경계

선을 넘으면 기업체나 단체는 싸워 패하면 자신의 정체성을 잃고 도태 또는 파산되어 사라져 간다.

또는 자신의 전문성과 상대의 전문성의 성질이 같아 ㅁ(미음) 형상처럼 결합되어 그 결합은 계속 종족 번식처럼 이어져 성장하게 된다.

생물학적으로 남자와 여자가 결합하여 새로운 영역을 만들어 가정과 자녀를 두고 그 가정을 이끌어 가는 선 ㅁ(미음)의 형상이다.

생물학적으로 같은 크기의 종이지만 종류가 다른 종과의 결합은 식물이 아닌 동물들에게는 불가능한 것처럼 ㅁ(미음) 선은 단순한 문자이면서 강하고 확실하여 명확하고 완벽한 형이상학적인 문자이다.

❷ 인체적으로 ㅁ(미음) ― 선은 하늘선, 얼굴과 인체의 피부선이며 ┃ 선은 인체의 경추와 팔의 선이다. ― 선은 인체의 다리선이다.

ㅁ(미음)의 선은 완벽한 인체를 형이상학적으로 표현한 선이며 인체의 오감으로 느끼는 것들을 인체 안에서 충격적이든 안정적이든 불안정적이든 편안하든 파괴적이든 평화롭든 복합적으로 들어와도 감정 속으로 또는 이성 속으로 파고들어 몸의 균형을 맞추어 준다.

자신의 삶과 생활 속에서 ㅁ(미음) 선 ⌐⌐의 완벽한 형상은 언제까지 유지될지는 모르는 일이며 언제 몸을 다칠지 언제 병이 날지 언제 죽을지 모르는 일이다.

❸ 사회적으로 ㅁ(미음)은 ㄴ(낮음), ㄱ(높음), ㄴ, │ 기준이 되는 역사, 문화, 사상, ― 희망, 소망, 욕망, 야망을 품고 움직이며 ㄱ, ― 지도자가 있어야 │ 따른다.

국가는 ⌐⌐정치, 행정, 경제, 사회가 있어 유지된다. ㅁ(미음) 의 선은 형이상학적인 문자이며 모든 분야에서 높은 사람들과 낮은 사람들이 완벽한 하나의 조직이 되어 움직이는 사회 그리고 정치, 행정, 경제 ⌐⌐의 형상이다.

나라의 모든 분야에서 완전한 조직이 없는 곳은 없다. ㅁ(미음) 의 선은 기업들 속에서도 노동 속에서도 모든 자연 속에서도 ㅁ (미음)의 형이상학적인 선은 계속 반복되는 선이다.

❹ 내면적으로 ㅁ(미음) 선은,

―: 이성의 선(생각의 선)이다.

│: 지식, 교육, 문화에 의해 생기는 지성의 선이다. 오감으로 느낄 수 있는 순수한 감정으로 이어지는 선이다.

│: 감정의 희, 로, 애, 락이 행동으로 이어지는 선이다.

―: 행동의 선이다.

빛의 스펙트럼

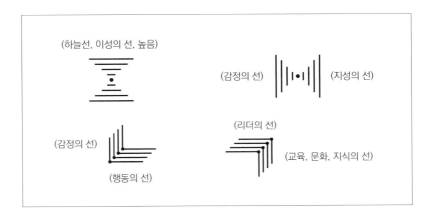

ㅁ(미음): 완성체

새, 벌, 강아지, 인간, 지구.

새의 육신, 벌의 육신, 강아지의 육신, 인간의 육신, 지구의 공전.

새의 보금자리, 벌집, 강아지의 집, 인간의 가정, 지구의 해와 달과 별.

모두 완벽한 완성체다.

내가 어른이 되기 전 어둑한 저녁, 언제나 내 안에 있었던 나와 닮은 사람이 홀연히 내 곁을 떠났다.

누구지? 나의 분신, 영혼이었나? 난 그럴 것이라 예측했던 기억이 있다.

새삼 지금 그는 다시 내 곁에 돌아와 가까이 있다 느끼면서 난 물었다.

옛적 홀연히 떠났는데 다시 홀연히 돌아왔군. 어디 갔다 온 것인가.

그는 말하길 홀연히 어딜 떠날 수 있단 말인가. 난 그냥 당신 몸 안에 있었을 뿐이다.

나는 모든 오장육부가 꽉 찬 곳에 있었지만 편안했다. 당신은 내가 왜 돌아온 것이라고 느끼는 것인가. 그 꽉 찬 오장육부 안에서 편히 70년을 지냈으면 오래 지킨 것 아닌가. 당신도 이 세상, 사회에서 가정을 이루고 아들딸 자식 잘 키워 70년간 그 자리를 지켰으면 오래 지킨 것 아닌가.

아! 그런가. 그때 어둑한 저녁에 홀연히 사라진 나의 그림자 같은 나를 닮은 당신의 췌장이었던가?

새, 벌 강아지, 인간 지구.

새의 육신, 벌의 육신, 강아지의 육신, 인간의 육신, 지구의 공전.

새의 보금자리, 벌집, 강아지의 집, 인간의 가정, 지구의 해와 달과 별.

모두 완벽한 완성체다.

마음의 마을

세상은 칠보색 가득한 색채로 내 주위에 둘러쳐져 있다.

내가 찾던 세상. 아름다운 입체적인 선이 있는 도형들.

ㄱ, ㄴ, ㄷ, ㄹ, ㅁ, ㅂ, ㅅ, ㅇ, ㅈ, ㅊ, ㅋ, ㅌ, ㅍ, ㅎ.

나는 입체적인 도형의 세계를 지나 현실적인 이름의 선을 넘어 붉은 노을색 가득한 마음의 선 안으로 들어갔다.

나는 그곳에서 공간을 유영하고 있었다.

나는 물속을 걷듯 구름처럼 깔려 있는 도형들을 향하여 한없이 밑으로 내려갔다.

나는 가까이 가면서 수많은 도형을 본다.

내 마음은 굴뚝에 피어오르던 연기가 산 중턱에 걸쳐 있는 모습처럼 평화롭다.

목련꽃 활짝 핀 목련 나뭇가지 사이로 내 마음은 바람 타고 지나간다.

올봄에 피는 벚꽃, 개나리, 진달래, 산수유꽃 나뭇가지 사이에도 내 마음은 바람 타고 지나갈 거다.

내 마음속 예감에, 내가 가는 시골길 아름다운 마을에도 모르는 사람들이지만 모두가 부모, 형제 같은 사람들이 모여 살아가고 있을 것 같다.

바람이 불면 세상의 아름다움과 현실을 직시하는 마을 사람들.

06.

ㅂ(비읍): 함정선, 벗어날 수 없는 선

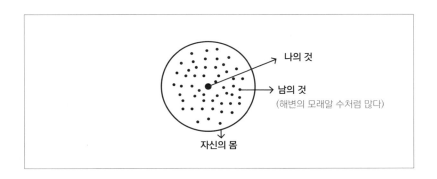

같은 선이라도 형이상학적인 선은 그 내용이 다르다.

— 같은 모양이라도 그 내용이 다르고 — 같은 모양이지만 그 내용이 다르다.

ㅣ, ㅣ 같은 모양이지만 내용이 다르다.

○, ○ 같은 모양이지만 내용이 다르다.

•, • 같은 점 모양이지만 내용이 다르다.

ㅂ(비읍)은 한글 자음 여섯 번째 문자다.

❶ 자연적으로 ㅂ(비읍) 문자는 생활의 터전, 생명체들의 삶의 터전이 자연적으로 만들어지는 문자의 선이다.

ㅂ(비읍) 문자의 형상은 자연적으로 생명체들의 영역 공간이 만들어져 그 영역 안에서 태어나고 사라지는 자연적 생명체들의 함정적인 공간이 되는 형상의 문자 ㅂ(비읍)이다.

그렇다고 이 ㅂ(비읍)의 선이 진정 함정의 ㅂ(비읍)의 형상일까? 아닐 것이다.

생명체들의 영역의 공간이며 그 선 안에서 자신의 삶을 살아가는 공간, 그 안에서 집을 짓고 짝을 만나 종족을 번식하며 활동하고 생활하고 삶 속에 희, 로, 애, 락을 느끼며 살아가는 공간, ㅂ(비읍)은 형이상학적인 문자이다.

ㅂ(비읍)의 위의 선 ㄴ, ㅣ 선은 생명체의 선이고 ― 선은 영역선이다.

ㅂ(비읍)의 밑의 선 ㄴ, ㅣ 선은 생명체의 선이고, ― 선은 땅의선이다.

ㅂ(비읍)의 옆 ㅣ 선은 한계선이며 경계선이다. 한계선을 넘어도 다시 시작이 된다. 자연적으로 ㅂ(비읍)의 ㅁ 공간이 만들어지

면 생명체들은 영역의 공간이 만들어지고 생명체들은 그 안에서 태어나고 사라지며 자신의 삶을 살아간다.

❷ 인간 사회적 삶 속에서 ㅂ(비읍) 문자는 정치적, 행정적, 경제적, 사회적, 법률적인 것이 사람들의 삶 속에 연관된다.

ㅂ(비읍) 문자 형상은 위의 ㅣ 선은 정치, 행정, 사회의 선이고 ― 선은 영역의 선이다.

밑의 ㅣ 선은 생각, 감정, 희, 로, 애, 락이고 ― 선은 땅의 선이다.

ㅂ(비읍) 옆 ㅣ 선은 법률선이며 한계선이고 경계선이다.

자신의 영역선에서 ㅣ 한계의 선을 넘으면 또 다른 삶의 공간 ㅁ이 기다리고 그 삶의 공간은 끊임없이 이어져 헤어날 수 없는 함정적 공간이 되는 게 아닐까? 아닐 것이다.

더 발전된 전문가가 되어 자신의 영역에 더 깊이 빠져들어 가는 것이 아닐까? 성공이란 자신의 영역이 선을 뛰어넘은 것이고 자신의 주위 사람들이 인정하고 사랑하고 존경하게 되는 것을 말한다. 영역 확장은 다른 영역을 침범하는 것이고 자신의 이익을 위해 다른 영역을 무식하게 힘으로 파괴하는 것이다. 정치의 질서, 행정의 질서, 경제의 질서, 사회의 질서를 파괴하는 영역 확장은 암 같은 존재와 같다.

❸ 인간의 자신과 인체적으로 ㅂ(비읍) 문자는 ㅏ, ㅣ 선은 나 자신의 선이다. ― 선은 오감(시각, 청각, 후각, 미각, 촉각)의 선이고

| 선은 타인의 선이고 장애물의 선이다. ㅂ(비읍)의 맨 밑의 ―
선은 행동의 선이 된다. | 나 자신의 선과 중간 ― 오감의 선과
밑의 ― 행동의 선과 옆의 | 타인의 선은 ㅁ 완벽한 자신의 영역
과 자신의 집에 선을 만들어 그 안에서 자신의 삶을 살게 한다.

　ㅂ(비읍)의 맨 옆 | 타인의 선은 장애물의 선이 아니고 끝없이
연결되는 형이상학적인 선의 세계로 이어진 것이며 ┠┼┼┼┼┼┼┤

　ㅂ(비읍) 문자는 이성(생각)과 감정이 그 안에서 희, 로, 애, 락을
느끼면서 외형적인 세계, 내면적인 세계가 서로 통할 수 있는 통
로가 만들어져 서로 소통하고 어울리고 끊임없이 이어지는 문자
다.

　인간의 내면 속과 삶의 통로 속에는 ㄱ에서 ㅎ까지 이어지는
선과 각과 통로와 길이 있다.

안과 밖

밤하늘 빛나고 있는 별들이 펼쳐 낸 하늘선은 내가 있는 주위의 공간에도 있다.

내 마음, 내 생명, 내 감정, 내 의식 속에도 있다.

해가 빛나고 있는 푸른 하늘에 흰 구름들이 펼쳐 내는 하늘선은 내 몸, 가죽에도 있다.

저 멀리 보이는 나무들의 모습이 펼쳐 내는 하늘선도 내가 밟고 있는 땅 위의 작은 풀들에게도 있다.

내 마음, 내 생명, 내 감정, 내 의식 속에 나는 스스로 갇힌다.

저 멀리 보이는 산등성이의 산마루들이 펼쳐 내는 하늘선이 보인다.

들에 피어 있는 들꽃들의 하늘선도 보인다.

내 마음, 내 생명, 내 감정, 내 의식 속에서 나는 장님이다.

나는 오래전에 몹시 상심하고 스스로 갇혔다.

바다가 펼쳐 내는 푸른 물의 넘실거림과 하얀 파도가 펼쳐 내는 하늘선도 내 마음속, 내 생명 속, 내 감정 속에서는 바람만 불 뿐이다.

내가 느낄 수 있는 공간이 있다면 빠르게 움직이는 세상 모든 사람이 자신을 지키는 영역의 공간이 있다는 것이다.

내 눈과 귀와 코와 입과 감촉에도 내 의식이 전하는 느낌의 전달

신경이 내 온몸을 스치며 새로운 오감의 공간을 만들며 타인들의 경계선들이 현실 속의 우주를 만들어 간다.

커다란 목적 속의 삶에 필요한 공간들을 만들어 나간다.

넓은 광장에 수많은 사람이 스쳐 지나간다.

한 사람, 한 사람의 속도를 다 모으면 그 속도는 너무 빨라 보이지도 않게 지구를 탈출하지 않을까.

07.

ㅅ(시옷): 능력과 재능의 선, 에너지, 여행, 성장

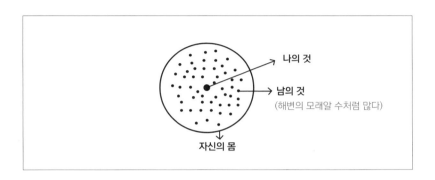

ㅅ(시옷)은 한글 자음의 일곱 번째 문자다.

❶ 자연적으로 ㅅ(시옷) 문자는,

／ 해가 동쪽에서 떠올라 하늘 중앙까지 도달하는 선, 에너지의 선이다.

＼ 해가 하늘 중앙에서 서쪽으로 이동해 지평선을 넘어가는 선, 에너지의 선이다.

해의 여행은 끊임없이 움직인다. 아침, 정오, 저녁을 나누며 끊임없이 움직인다. 사람들의 삶도 지구상 모든 생명체의 삶도 해와 시간과 함께 흐른다. ∧∧∧

숲이 있는 곳에는 나무의 종류마다 풀들의 종류마다 모습의 형태와 성장의 형태가 다르다.

수많은 동물, 벌레는 모습의 형태와 성장의 형태, 키들이 다르다. 숲속 앞의 모습은 모두 다르지만 멀리서 보는 숲은 아름답다.

／ 선은 사람들 개인마다 가진 능력의 선이다.

／ 선은 숲의 나무, 풀들마다 가진 성장의 선이다.

／ 선은 동물들마다 가진 성장의 선이다.

／ 선은 숲마다, 산마다 가진 면적과 높이의 선이다.

＼ 선은 해가 동쪽에서 떠올라 하늘 중앙에 정점을 찍고 다시 서쪽으로 기우는 선이다.

＼ 선은 사람들마다 가진 능력이 정점을 찍고 다시 밑으로 내려오는 자신의 영역선 ㅅ이다.

＼ 숲의 나무, 풀들이 성장하여 정점을 찍고 밑으로 꽃잎과 열매를 떨어트리는 자신의 영역선 ㅅ이다.

＼ 선은 동물들마다 가진 자신의 영역선 ㅅ이다.

숲은 아침의 모습, 정오의 모습, 저녁의 모습이 햇빛의 각도에 따라 구름 흐름에 따라 다르다. 양지와 음지는 ㅅ(시옷)의 선을 만들어 이곳의 숲과 저곳의 숲의 경계선을 만들어 자연의 아름다운 모습을 만들어 나무의 종류마다 풀들의 종류마다 모두 다르게 보이게 하여 숲을 아름다운 형태, 선명하고 아름답게 자신의 모습을 만들어 내게 한다.

이곳의 숲과 저곳의 숲에서 들려오는 모든 새의 소리들도 ／

종류마다 소리가 다르고 강약도 다르다. 거리에 따라 다르다.

소리의 에너지들은 공간을 아름다운 소리의 세계로 만들고 사라진다. \ 소리들은 사라진다.

숲과 숲끼리 / 대화하는 것처럼 산과 산끼리 아름다운 소리들은 들렸다 \ 사라진다.

불어오는 바람은 나뭇잎과 나뭇잎이 부딪쳐 수많은 바람 소리 / 선을 만들어 내고 \ 사라진다.

이 나무, 저 나무, 이 풀, 저 풀들은 바람이 불 때마다 ㅅ 바람 소리를 낸다.

ㅅ 선은 소리의 선이다. 여행의 선이다. 에너지의 선이다.

❷ 하늘 상공에는 저기압과 고기압이 있다.

고기압은 저기압 쪽으로 공기가 유입되며 저기압은 등압선으로 둘러싸여 공기는 상승한다. / 바람은 반시계 방향으로 불고 구름들을 만들어 낸다. 고기압은 시계 방향으로 바람을 불게 하고 \ 저기압 쪽으로 공기가 유입되어 끊임없이 ㅅ(시옷)의 선이 되어 바람과 구름을 이동시키며 공기를 순환시켜 모든 생명체에게 삶의 변화를 주고 여행을 하게 한다. ㅅ(시옷)의 선은 모든 생명체를 끊임없이 움직이게 하는 여행선이다. ∧∧∧

물은 육지에서 하늘 상공으로, 하늘 상공에서 육지로 끊임없이 순환한다.

/(오르는 선) 바다와 숲과 강, 호수, 냇물에서 끊임없이 물은 증

발한다. 수증기들은 구름으로 응축되어 비를 내려 \(내리는 선) 숲과 산, 호수와 냇물, 강물과 바다로 유입되어 끊임없는 순환의 여행을 한다.

ㅅ(시옷)의 선은 끊임없는 순환의 선이며 끊임없이 발생하는 에너지의 선이다.

❸ 인체적 또는 생물학적으로 ㅅ(시옷)의 선은 사람과 모든 생명체의 호흡선이다.

코를 통해 유입된 산소는 폐의 폐포에서 모세혈관으로 들어가 혈관을 타고 혈액은 조직세포를 통해 온몸에 세포로 전달된다. 산소를 공급받는 조직세포는 모세혈관을 통해 노폐물 이산화탄소를 산소와 서로 주고받는다. 조직세포는 이 과정에서 에너지를 만들고 필요한 산소는 몸의 영양소와 결합하여 다시 모세혈관과 혈액을 통해 다시 심장과 폐의 폐포를 통해 노폐물과 이산화탄소를 몸 밖으로 내보낸다.

끊임없이 이어지는 호흡 / 선은 공기를 들이마시는 선이다. \ 선은 공기를 다시 내보내는 선이다. 호흡과 몸속의 혈액과 조직세포들은 끊임없이 산소를 공급하고 에너지를 만들고 몸의 노폐물들을 끊임없이 내보낸다.

/ 선은 식물들이 잎으로 햇빛을 흡수하는 선이다.

\ 선은 식물들이 광합성으로 낮에는 산소를 배출하고 밤에는 이산화탄소를 배출한다.

식물들은 잎으로 햇빛을 흡수하여 광합성으로 낮에는 포도당과 산소를 만드는 과정이 이루어진다. 만들어진 포도당은 녹말로 잎에 저장됐다가 밤이 되면 설탕으로 변해 기공을 통해 여러 기관으로 이동한다.

이동된 설탕은 다시 분해되어 탄수화물, 단백질, 지방 등의 형태로 열매나 뿌리, 고구마, 감자 등으로 저장된다.

이런 과정 속에서 낮에는 CO_2를 배출하고 산소(O_2)를 흡수한다. 밤에는 산소를 흡수하고 CO_2를 배출한다.

ㅅ(시옷)의 형상은 형이상학적인 선으로 끊임없이 광합성으로 여행한다.

ㅅ(시옷)은 모든 자연 속에서 세상을 움직이게 하는 에너지와 순환의 에너지로 끊임없이 움직이는 형이상학적인 문자다.

황톳길

나는 황톳길을 맨발로 걷고 있다.

주위의 꽃들과 풀들, 멀리서 들려오는 산비둘기의 소리들, 멀지 않은 곳에서 뻐꾸기 소리가 들려온다.

나는 이름 없는 황톳길을 걸어 다시 출발선으로 되돌아왔다.

바람이 불어 수양관 정원 나무숲과 꽃들 그리고 바람개비들은 자신들의 키에 맞게 춤춘다.

나는 황톳길을 맨발로 걷고 있다.

땅에는 작은 개미 떼들이 먹이를 물고 줄을 서 운반하고 있다.

다시 돌아와 보아도 개미들의 줄은 끊이질 않고 움직인다.

내 눈이 가물거려 저들의 행렬을 짓밟고 간다 해도 저들은 다시 줄을 서 먹이를 운반할 것이다.

나는 다시 출발했던 곳으로 되돌아왔다.

나는 황톳길을 맨발로 걷고 있다.

작은 나무의 선, 풀들의 선, 개미 행렬의 선을 넘어 멀지 않은 곳, 정원의 숲속에서 들려오는 새들의 소리를 들으며 걷는다.

저만치 높은 곳, 교회 건물 위엔 하얀 십자가가 보인다.

하나님, 감사합니다.

이제 황톳길을 걸으며 긴 세월의 여행이 끝나는 시점.

아득히 생각나는 태평양 바다, 인도양, 대서양 바다, 불어오는 바람 속에 넘실대는 푸른 물결, 바다의 파도 소리가 머릿속에 스쳐 지나간다.

주야로 도심을 달리던 차 안의 내 모습.

멍하니 생각에 잠겨 운전하던 생각들.

새들의 소리, 바람 부는 소리들과 작은 풀들의 하늘선, 푸른 나무들의 하늘선의 모습들이 바람에 너울거리며 내 눈과 머릿속을 스쳐 지나간다.

나는 황톳길을 맨발로 걷고 있다.

08.

ㅇ(이응) : 영원, 원

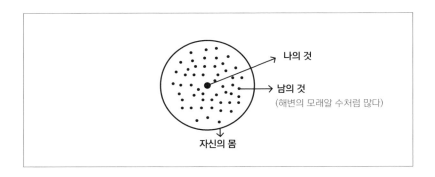

ㅇ(이응)은 한글 자음 여덟 번째 문자다.

이 글은 나만의 생각으로 썼다. 세상이 점 하나로 시작되었다
는 생각으로 형이상학적으로 이어져 가는 한글. 한글 속에 어떤
뜻과 어떤 숙제 같은 것이 숨어 있는 것 같아 나는 이렇게 쓴다.

❶ ㄱ, ㄴ, ㄷ, ㄹ, ㅁ, ㅂ, ㅅ, ㅇ 한글 문자를 1절로 나누고 싶
다. 처음 생각은 4절로 나누고 싶었다. 그러나 별 의미가 없을 것
같아 2절로 나눈다. ㄱ, ㄴ, ㄷ, ㄹ 1절, ㅁ, ㅂ, ㅅ, ㅇ 2절, ㅈ, ㅊ,
ㅋ 3절, ㅌ, ㅍ, ㅎ 4절, 이어지는 것이 다른 뜻이 들어 있는 것 같
아 나누고 싶었다.

❷ ㄱ, ㄴ, ㄷ, ㄹ, ㅁ, ㅂ, ㅅ, ㅇ의 문자는 이어지는 형이상학

적인 선이다.

ㅇ(이응)은 별의 상징이다. 처음과 나중의 상징이다.

점(•) 하나에서 시작되는 형이상학적, 우주적, 지구적, 자연 속의 모든 생명체의 움직임들과 서로 간의 관계이다.

ㄱ, ㄴ, ㄷ, ㄹ 문자는 ㄱ에서 ㄹ(리을)까지 순환적으로 이어지는 선의 문자이고 ㅁ(미음)은 독자적인 영역의 선이다.

국가, 사회, 가정, 남과 여 ⬛의 영역선이다.

ㅂ(비읍)은 필연적으로 스스로 갇히는 자연적인 결합선이다.

ㅅ(시옷)은 모든 생명체가 자연적으로 자신의 능력과 재능에 따라 만들어지는 자신의 영역선이며 에너지의 선이다.

태어나서부터 목숨이 끊어질 때까지 끊임없이 움직이는 에너지의 선 ㅅ(시옷)이다.

❸ 자연적으로 ㅇ(이응) 문자의 선은 시발점도 없고 종착점도 없다. 봄에서 시작이면 시발점이 봄이 될 것이고 겨울에서 시작되면 시발점은 겨울이 될 것이다. 계절을 끊임없이 순환하여 왔다. 다시 되돌아가고 다시 되돌아온다. 그리고 ㅇ(이응) 선을 만든다.

하늘 상공에는 구름들이 상공의 온도와 압력 차이에 따라 공기가 상승하고 하강하는 대류운동에 따라 공기가 상승하면 냉각되어 수증기들이 증발, 응축되어 구름이 된다. 그리고 지형의 형태에 따라 순환한다. 넓은 바다와 내륙에서는 고기압과 저기압들이 이곳, 저곳 가족처럼 모여 공기를 순환시켜 구름을 만들어 ㅇ(이응)의 선을 만든다.

하늘을 올려다보면 한없이 높고 푸르다. 다시 밑으로 눈을 돌
리면 수평선과 하늘은 ㅇ(이응) 선을 그리며 맞닿아 있다.

지평선을 둘러보면 들판이든 산이든 건물이든 하늘과 맞닿아
땅은 ㅇ(이응) 선을 그린다.

꿈

어느 날 꿈
은색, 분홍색, 자주색 우주 저편에서
수많은 먼지를 내뿜고 있었다.
황홀할 정도로 아름답다.
수많은 먼지 저 밖에 원을 그려 보았네.

어느 날 꿈
우주 저편 공간에
남녀가 서서 지구를 바라보며
남자의 지팡이는 지구를 가리키고 있었다.
여자는 금관을 쓰고 지구를 바라보고 있었다.
아름다운 모습에
난 3일 동안 포근했다.

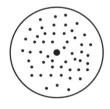

어느 날 꿈
나는 별 하나를 쫓아 공중을 비행했다.
신비함에 나는 마냥 따라가고 있었다.
마치 달과 금성이 펼치는 입체적 공간의
거리 속을 유영하듯 별 하나와 나는

공간 사이를 유영했다.

깬 후 4일은 포근했다.

영원함은 단순한 곳에 있다

다람쥐가 쳇바퀴 돌리는 모습.

강아지가 아침, 저녁 먹이를 기다리는 모습.

내가 아침 일찍 일어나 이를 닦고 세수하는 모습.

들고양이가 매일 집 주위를 맴돌고 있는 모습.

신혼부부가 은행 가서 대출을 받는 모습.

주는 것과 받는 것, 돌고 돌아도 제자리인 것을 우리는 모른다. 그리고 앞으로 앞으로 나아간다.

이것이 세상의 삶 아닌가.

봄이 오면 두텁게 입던 겨울옷을 벗어야 한다.

여름이 오면 봄에 입던 봄옷을 벗어야 한다.

모든 것이 분배되는 가을이 오면 제법 멋있는 옷을 사 입고 여름 옷을 갈아입어야 한다.

다 눈보라 치는 겨울이 오면 두꺼운 옷을 입어야 하는 것이 세상의 삶 아닐까.

모든 생명체도 사람들도 나도 순환은 영원하다.

09.

ㅈ(지읒) : 행동, 욕망, 분노

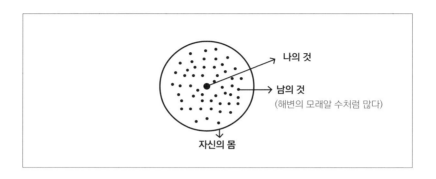

한글 문자 ㅈ(지읒)은 한글 자음 아홉 번째 문자다.

❶ ㅈ(지읒) 문자의 ㅅ 선은 사람들마다 가지고 있는 감정, 욕망, 욕심, 꿈, 능력, 재능의 선이다. 맨 위의 ― 선은 사람들마다 가지고 있는 이성(생각), 논리적으로 판단하고 판별할 수 있는 이성의 선, 경계선이다.

자연 속의 생명체들의 종류마다 성장의 키와 잎과 꽃과 열매들의 크기와 모양이 서로 다르듯 사람들은 자신들의 몸에 자연 속의 모든 생명체의 종류마다 가지고 있는 특성들을 모두 간직하고 있는 자연의 복합체다.

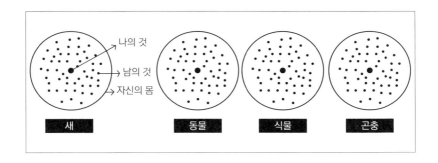

또한 사람들마다 자신들이 가진 자기만의 성질과 특성들도 한 명의 사람은 전부 자신의 몸에 간직하고 있다.

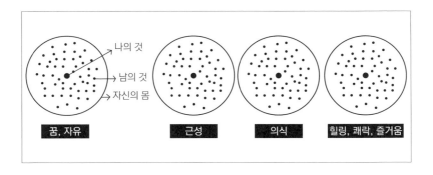

❷ 한글 문자 ㅈ(지읒)은 사람들의 사회 생활선이며 ㅈ(지읒)의 ㅅ 선은 사람들의 내면 속에 부풀어 오르는 꿈과 힘과 계획과 즐 거움의 선이다.

ㅈ(지읒)의 ― 선은 사람들의 감정 속에 일어나는 분노, 욕심, 탐욕들의 경계선이다.

사람들의 생활 속에서 생겨나는 행복, 만족, 성취감들은 사람들이 성장하면서 또 몰랐던 것을 알기 시작하고 이해하기 시작할 때부터 생활환경에 따라 다르게 ㅈ(지읒)의 선처럼 사회 생활선은 만들어진다.

❸ 자연 속의 모든 생명체가 그 종류마다 모양과 성장의 키, 잎의 모양과 크기, 열매의 크기와 모양과 빛깔이 다르듯 사회 속에서 자신의 것은 생활환경에 따라 직업에 따라 자신의 능력에 따라 자신의 영역선 ㅈ(지읒)이 달라진다. 사람들은 사회생활 안에서 자기의 것을 얻을 수 있고 또 사회 안에서 자신의 것을 소유할 수 있다.

수많은 사람이 생활하는 사회 안에서 자신의 것이 아닌 남의 것들도 세상을 살아가면서 이해하게 되고 세상은 다양하고 아름다운 세상이라는 것을 느끼며 살아갈 때, ㅈ(지읒) 선이 만들어진다. 자신의 경계선(─)에서 살아 모두 서로의 경계선 안에서 자신들의 능력 따라 재능 따라 사회 속에서 분배를 받고 자신의 삶의 영역 ㅈ(지읒)에서 살아간다.

좋고 크고 탐스러운 과일과 열매와 보잘것없고 작고 누구나 가질 수 있는 열매들도 자기의 것이라면 자기의 것은 자기의 것으로 받아들여야 하는 것이 세상일이다.

❹ 사람들의 감정 속에 일어나는 분노와 탐욕의 선 ㅈ(지읒)은 자신의 경계선(─)을 넘으면 죄악으로 이어지고 선을 넘을 경우 남의 경계선을 넘어서 형벌로 갈 수 있다.

생활환경 안에서 자신이 가지고 있는 능력과 재능의 선 ㅈ(지웃)의 영역선은 다른 사람들도 인정하는 능력과 재능의 선이다.

사회생활 환경 안에서 사람들이 인정하고 자신의 능력과 재능 선 ㅈ(지웃)이 크다면 그 분야의 직장이나 그 사회에서 인정받아 자신의 경계선을 넘어 리더의 ㅊ 선에서 자신의 행동과 말을 표출, ㅊ, ㅋ 선, 한글의 10번째 ㅊ(치읓) 선으로 들어간다.

❺ 사람들의 감정(희, 로, 애, 락)은 평범한 사람들이나 능력이 특별하게 뛰어난 사람들이나 ㅈ(지웃)의 선은 분명하게 자신의 가슴 속에도 사회 속에도 자신의 영영선은 그 안에 자리한다. 그 높이와 넓이와 한계선은 자신만 설정할 수 있다. 외적으로 내적으로 이성(생각)과 성격과 인성은 더도 덜도 그 이상, 이하로도 인정하지 않는다.

ㅈ (지읒)

나는 호흡한다.

나는 하늘을 마신다. 높고 푸른 하늘을 마신다.

나는 일곱 빛깔 공기를 마신다.

세상의 모든 형상을 담은 작은 물방울들이 공기 속에서 빛의 굴절, 빛의 스펙트럼을 만드는 공간 속에서 나는 숨 쉰다.

아름다운 색채를 띤 수많은 열매의 도형, 나의 코는 그들이 내뿜은 향기를 마신다.

하늘이 주는 다채로운 향기, 하늘이 주는 신비로운 모양, 나무, 풀들의 꽃과 열매들의 도형에 도취해 하루 종일 취해 있을 수는 없다.

순간순간 짜릿하게 하늘이 주는 따뜻한 에너지를 받아 간직하는 것이다.

10.

ㅊ(치읓): 새로운 개체, 리더

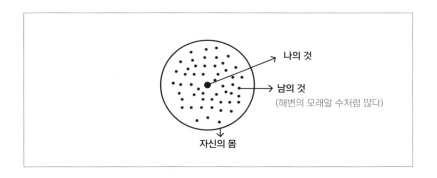

ㅊ(치읓)은 한글 자음 열 번째 문자다.

❶ 자연 속의 생명체들의 먹이사슬과 약육강식의 세계는 냉혹하다. 먹히고 먹으므로 생태계는 유지되며 종족 번식은 끊임없이 이루어지고 사람들의 사회생활의 삶도 나라의 정치, 행정, 경제들이 잘 융화되어 질서가 유지되고 서로의 이익이 분배를 위해 끊임없이 움직이는 세상이며 사람들의 사회는 단체로 모여 단체의 구성원으로 회사의 조직체 구성원으로 일하고 일정한 생활을 하기도 한다.

❷ 이러한 사회생활의 ㅊ(치읓)의 밑 선 ㅅ은 개인 영역의 경계선, 단체 영역의 경계선, 회사 조직 영역의 경계선, 정치 영역의

경계선, 행정 영역마다의 경계선, 경제 영역마다의 경계선이다.

사람들은 자신들의 영역선 ㅅ 안에서 밖과 안을 오가며 끊임없이 움직인다. ㅊ 위의 • 선은 리더의 선이다.

맨 처음 사회에 첫발을 내딛고 들어가면 마치 작은 물고기 한 마리가 넓고 추운 겨울 바닷속을 헤엄쳐 살아가는 형국이며 • 작은 점 하나 같은 자신의 존재는 너무 미약한 존재임에도 사회는 자신의 영역, 자신만의 영역선 ㅅ이 있다.

ㅊ(치읓) 위의 ─ 선은 자신의 한계선이다.

드넓은 추운 겨울 바닷속 같은 사회 안에서 자기 자신에게는 자신의 꿈과 욕망을 불태울 수 있는 사회에선 자신의 영역선 ㅊ (치읓) 영역선이 있다.

ㅊ(치읓) 맨 위의 •, ─ 선은 자신의 한계선을 넘어 새로운 개체의 선, 성공선, 리더의 선, 따뜻한 선진의 세계로 가는 선이다.

❸ 사람들은 사회 속에 살면서 자신의 영역선이 넓어지는 시기가 오면 자신의 한계선을 넘어 경계선을 넘으려 한다. 시야가 넓어지면 착시와 착각 속에서 자신의 꿈과 욕망을 이루고자 많은 비전과 목표가 내면 속에서 솟아 나와 준비하는 것이 세상 사람들의 삶이며 생활이다. 그러나 자신의 재능과 능력을 자신의 주위에서 인정하지 않고 떠받쳐 주지 않으면 하늘 높이 솟아오르려는 용기는 착각이 되고 자신의 재능과 능력, 비전과 목표들이 영역 ㅅ을 자신의 주위에서 인정하고 떠받쳐 줄 때 그 사람은 바람

을 일으키며 하늘 높이 솟는 시점 •, —, ㅊ(치읓)이 된다.

성공으로 가는 기회와 변화 속에서 자기 자신도 새로운 개체로 변화하여 성공의 선 ㅊ(치읓), 리더의 선에 도달할 수 있는 것이 사회다.

❹ 이러한 변화는 자신이 속해 있는 사회나 사회 속의 회사, 국가 속의 정치 영역, 행정의 영역, 경제의 영역도 똑같은 이치다.

변화해야 할 시점이 온다는 것은 그만큼 준비하고 수많은 비전과 목표가 변화의 시점에서 주위에서 인정하고 떠받쳐 줄 때 하늘 높이 솟아 풍족하고 따뜻한 선진의 세계로 가는 길이 열리는 시점이 ㅊ(치읓)의 선이다. 준비된 땔감과 재료와 연료 없이 불을 지필 수 없으며 차가운 물을 준비된 도구 없이 데울 수 없다. 물을 담을 수 있는 도구와 기반이 마련되고 불을 지펴 차가운 물이 100℃까지 될 때 변화의 시점 ㅊ(치읓)의 선이 되는 이치다.

ㅊ(치읓)은 선진, 리더의 선이다. 사회 속에서 자기 자신과 사회 속의 단체, 사회 속의 행정, 사회 속의 정치, 사회 속의 경제도 드높은 하늘에 높이 날아 드넓은 따뜻한 남쪽, 언제나 풍족하고 풍요로운 선진의 세상으로 그냥 날아갈 수 있게 되는 것이 세상의 이치다.

ㅊ(치읓)은 리더의 선이다.

자연스럽게 몸에 밴 행동, 정신, 활동, 신종 데이터의 정보들이 자신의 능력과 재능, 행동의 실천 속에서 표출되는 리더의 행동은 그 주위에서 그를 인정하면 그를 공중 높이 띄울 것이고 연단 위로 올라가게 한다. 이러한 흐름이 정상적인 사회의 흐름들이다.

또한 잘못된 실수와 잘못된 데이터는 수많은 경쟁자가 끌어낼 것이고 주위에서 자신의 영역만 넓히려 하는 사람은 추락하는 사람이며 자신의 사심만 채우려 하면 실패하는 사람일 뿐이다.

❺ 정밀한 기계일수록 몇 밀리미터의 오차만 있어도 오래가지 않아 기능이 정지되어 버린다. 성공과 실패 역시 작은 오차와 실수가 있어도 성공과 실패의 승부는 가려진다.

그러나 사람은 평범한 사람이나 성공한 사람이나 실패한 사람 모두 ㅊ(치읓) 동등하다. 자신들의 영역과 능력과 재능과 용기의 ㅊ 선이 다를 뿐이다.

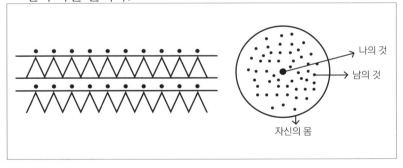

평범한 사람들의 몸 안에는 성공하는 사람들의 모든 것을 가지고 있지만 자신의 것이 아니기 때문에 성공하는 사람들을 인정하는 것이다. 평범한 사람들의 영역선 ㅊ이 다르고 — 한계선이 다

를 뿐이다.

성공하는 사람들의 몸 안에도 평범한 사람들의 모든 것을 가지고 있지만 자신의 영역의 선 ㅊ도 다르고 — 한계선도 다르며 자기의 것을 찾아 자신의 능력과 재능과 용기를 불태워 주위 사람들의 호응과 인정을 받아 성공하는 것일 뿐이다.

특별히 다르지 않고 평범하다. ㅊ은 평등의 선이며 평범한 사람들과 성공하는 사람들은 동등함이며 동등의 선, ㅊ의 선이다.

성공하는 사람들의 입김은 평범한 사람들에게 전달되어 평범한 사람들의 그 주위에서 봄날 같은 따뜻함을 느낄 때 리더는 선진의 길을 향해 끊임없이 움직이는 원동력이 된다.

또한 평범한 사람들도 리더의 따뜻한 봄날 같은 입김의 힘으로 끊임없이 움직이는 것이다.

해치(성공) 部

광화문 양옆의 해치의 석상 모습은 언제 보아도 해학적이다.

입은 귀까지 닿아 언제나 웃음을 짓고 있는 모습이다.

두 눈은 해와 달 ㅇ(이응)이 그려져 있어 캄캄하고 어두운 밤이 와도 모든 사물을 꿰뚫어 본다.

머리는 세상의 하늘선 ㄱ(기역), 땅의 선 ㄴ(니은)의 정기를 모두 가졌다.

코는 긴 역사 속, 한국의 오욕의 세월을 모두 담은 듯 모두 노출한 듯 크고 장엄하다.

정갈한 호흡 속에 좋은 것은 몸 안으로 나쁜 것은 몸 밖으로 내보내듯 온몸에는 힘이 넘친다.

온몸에는 힘의 상징, 크고 작은 원으로 새겨 놓았고 원 속에는 모든 사람에게 따뜻한 숨결로 나누어 줄 보물들이 가득하다.

다리와 팔은 언제나 시기가 찾아오면 하늘 높이 솟아오를 듯 완전한 준비 속에 주위를 둘러보며 해답을 달라 한다. 많은 조언과 새로운 정보를 달라 한다.

욕과 창, 칼은 정보가 아니다. 복마전에 모인 것들이 아무리 세력이 크다 해도 해치의 경계선은 침범하는 곳이 아니다.

한반도

한글의 나라, 아름다운 산맥의 나라, 고인돌의 나라.

계절 따라 남북으로 서쪽으로 펼쳐 낸 산맥들은 푸르고 붉고 노란 하늘선으로 물들어 간다.

태백산맥에서 낭림산맥으로 펼쳐진 산맥은 금강산이 기점이라면 태백산맥은 남쪽으로 낭림산맥으로 북쪽으로 펼쳐진다.

낭림산맥 북쪽은 다시 함경산맥으로 펼쳐지고 마천령산맥과 만나 백두산까지 펼쳐진다.

낭림산맥 끝부분에서는 서쪽으로 강남산맥이 펼쳐지고 적유령산맥, 묘향산맥, 언진산맥, 멸악산맥, 마식령산맥들로 펼쳐져 작은 산으로 이어진다.

금강산 남쪽으로는 태백산맥이 펼쳐지고 태백산맥 서쪽으로 광주산맥이 펼쳐진다. 광주산맥은 서울 부근까지 이어지고 작은 산들과도 이어진다. 태백산맥 남쪽으로 차령산맥이 펼쳐지고 차령산맥은 오대산, 치악산, 보령, 서천까지 이어진다.

태백산맥 남쪽으로 내려오면 서쪽으로 소백산맥이 펼쳐진다. 소백산맥은 길게 순천 조계산까지 펼쳐진다.

소백산맥에서 다시 노령산맥으로 펼쳐지고 노령산맥은 길게 대둔산, 팔공산, 유달산으로 이어지고 해남 땅끝 마을까지 펼쳐진다.

태백산맥 끝자락은 울산 울주군 가지산에서 작은 산으로 이어지고 부산과 전남 벌교까지 이어진다.

한국의 산들은 산맥으로 이어져 있고 한국의 명산과 산들은 아름답다. 봄, 여름, 가을, 겨울에 펼쳐지는 하늘선들은 아름답다.

한국인들은 예부터 자기 함정에 빠져 즐긴다. 예부터 집안싸움을 좋아하는 한국인들은 예부터 끊임없이 당파 싸움으로 이어졌고, 현실에서도 집안싸움들이 펼쳐진다.

북쪽도 한글의 땅, 산맥의 땅, 고인돌의 땅이다.

사람들을 똘똘 뭉치게 하여 통일과 부자가 되겠다고 사람들을 혹사시켰지만 모두 실패한 정치체제가 되어 버렸다.

이제는 한반도를 두 쪽으로 갈라놓겠다고 미련한 정책을 다시 시작한다고 그것이 가능한 정책인가. 또다시 실패하고 사람들을 노동으로 혹사시키고 인권을 유린하고 싶은 것인가.

이제는 통일로 가야 하는 정책을 써야 남북이 서로 살아남는 길이다.

추락

나는 호흡한다. 그러다 숨이 멈춘다.

인공호흡, 산소 공급, 영양소 공급.

일과 중 무호흡증인가, 수면 무호흡인가.

피곤하면 나의 일에 즐거워할 수가 없다.

우울하면 나의 일에 웃음 지을 수가 없다.

나는 정원으로 가서 코로 크게 숨을 쉰다.

나의 눈은 산의 하늘선, 숲속 나무들의 하늘선, 풀꽃들의 하늘선, 꽃밭 꽃들의 하늘선을 본다.

정원의 하늘선은 아름답다.

멀리서 가까이에서 들려오는 새들의 소리는 온몸을 새롭게 한다.

정원 숲에서 풍겨 오는 향기는 나의 뇌를 꽃들로 꽉 찬 꽃밭으로 인도하는 환상 속에 빠져들게 하고 나에게 긴 호흡을 하게 한다.

나의 온몸은 새롭게 순환한다.

11.

ㅋ(키읔): 형벌, 행운, 돌출적인 힘 ㄱ•ㅣ

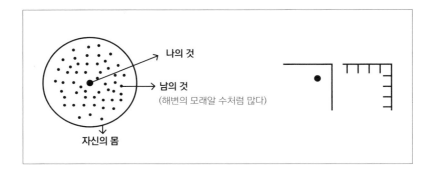

나의 것

남의 것
(해변의 모래알 수처럼 많다)

자신의 몸

ㅋ(키읔)은 한글 자음 열한 번째 문자다.

❶ 자연적으로 ㅋ(키읔)의 ㄱ 선은 하늘선이며 하늘선 안의 (ㅡ,
•) 선은 돌출적인 소리의 선, 물의 선, (ㅡ, •) 바람의 선, 빛의 선,
힘의 선, 노여움의 선이 ㅋ(키읔) 선이다. ㄱ•ㅣ

ㅋ(키읔)의 선은 돌출적인 전혀 알지 못하는 사람들의 영역선에
예기치 않게 갑자기 튀어나오는 돌출적인 힘의 선이며, 자연 속 생
명체들에게 몰아치는 비바람, 눈바람, 태풍, 회오리바람, 산사태,
눈사태, 지진, 홍수, 자연 속에서 예측 없이 찾아오는 자연재해의
선이 ㅋ(키읔) 선이다. ㄱ•ㅣ

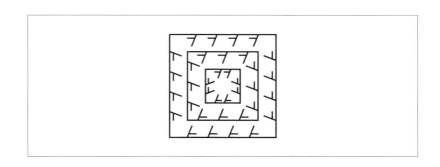

ㅁ 자연 속 모든 생명체의 영역선 안에 예정 없이 닥치는 돌출적인 힘의 선이 ㅋ(키읔) 선이다. ·ㅓ동, 서, 남, 북 모든 방향에서 언제든지 들이닥치는 돌출적인 소리, 느닷없이 닥치는 불행의 선, 행운의 선, 분노의 선, 신의 선이 ㅋ(키읔) 선이다. ·ㅓ

❷ 언제든지 위험한 흉기 같은 물건이 어디선가 갑자기 날아오는 ㅋ(키읔)의 선이다. ·ㅓ 갑자기 분노한 범죄자의 공격, 인신공격, 단죄, 벌의 선이 ㅋ(키읔) 선이다. ·ㅓ 모든 생명체나 사람들은 이러한 돌출적인 힘을 미리 감지할 수 있는, 피할 수 있는 완전한 하늘선 ㄱ, 오감을 가지고 있어 세상을 살아가고 생존할 수 있다.

자연 속에서 나무들은 봄이 오면 가지에 푸른 잎과 꽃들을 피우고 하늘선 ㄱ(기역)을 만든다. 가을이 오면 자신의 하늘선 ㄱ(기역) 가지의 잎들을 노랗게 붉게 물들이고 자신들의 열매와 잎들을 자신의 주위에 떨어뜨려 각종 벌레들이 와서 그곳에 영역을 만들어 살게 하여 좋은 안식처들을 만들어 준다.

햇살이 비추면 시원한 그늘로 가려 주고 비와 바람이 불면 막아 주는, 모든 생명체에게 편안한 안식처를 제공해 주기도 하는 ㅋ(키읔) 선이다. ㄱ 모든 생명체를 큰 새가 새끼를 보호하듯 품어 주는 ㅋ(키읔) 선이다. ㄱ 먹이와 행운과 행복을 주는 안식처 ㅋ의 선이기도 하다.

식물들의 이런 방법은 정상적인 방법이다. 또 다른 방법도 있다. 열매에 당분이 많은 과즙과 아름다운 색깔과 향기가 나도록 하여 각종 새를 불러들여 알록달록한 나뭇잎들은 새들에게 좋은 은신처를 만들어 자신의 열매를 안전하게 먹게 하고 자신의 씨앗을 멀리 떨어지게 해 종족 번식을 넓히기 위해 전략적인 방법을 쓰기도 한다.

사회적으로 ㅋ(키읔)의 선은 리더의 선이다. ㄱ 하늘선 안의 (ㅡ, ·) 선은 리더들의 입김이며, 리더의 덕목이며 리더의 전략이며 리더의 행동, 리더의 도덕선이 ㅋ(키읔) 선이다. ㄱ

ㅋ(키읔) 선은 장소가 아무리 폐쇄적이든 개방적이든 깊은 땅속과 산속이든 드넓은 벌판이든 사방이 벽으로 가로박힌 장소든 어디든지 리더의 입김은 전달되는 ㅋ(키읔)의 선이다. ㄱ

사람들은 자신들이 가진 하늘선 ㄱ(기역) 오감으로 자신의 영역 안에서 불행, 행복, 분노, 즐거움의 삶 속에서 새로운 용기와 희망을 잃지 않고 도약을 위해 ㅋ(키읔)의 선을 감지하며 생존하고 살아간다. ㅋ의 선은 ㄱ 신의 선과 같다. 죄와 벌, 행운과 사랑, 행복의 선이기도 하다.

하늘 높은 곳에서 전달되는 선이 ㅋ(키읔) 선이다. ▔┃

사랑, 자손을 번식할 수 있는 환경을 만들어 주는 선이 ㅋ(키읔) 선이다. ▔┃

❸ 사회 속의 형벌은 국가의 법에서만 부과할 수 있다.

ㅋ(키읔)은 형벌의 선이다. ▔┃

사회 속에서 남의 경계선을 침범하여 죄를 지으면 벌을 받는다. 사회 속에서 개인이 개인에게 형벌을 부과하거나 보복할 수 없고, 분노는 순간적으로 왔다 사라지는 복잡한 감정의 소산들이며 사람들의 욕심은 끝이 없다.

남의 경계선을 침범하면 제지를 당해야 하고 어떤 강한 힘이 침범당하는 쪽을 보호해야 한다. ㅋ(키읔)의 선은 법의 선이다.

사라지는 것

우주와 지구의 수명은 예측할 수 없고 사람들의 수명도 언제까지인지 추정할 수 없다.

자연 속의 생명체들도 그 수명의 끝이 언제인지 알 수가 없다.

태양이 동쪽에서 서서히 동트듯 태양이 서서히 서쪽 하늘로 사라지면서 어둠이 찾아오듯 때가 되면 지구도 서서히 죽어 가면서 하늘과 땅과 공간은 태양이 서쪽으로 넘어가면서 어둠이 서서히 찾아오듯 변화가 시작되는 것이 아닌가.

사람들은 그때부터 지구를 살리겠다고 모든 과학과 지혜를 동원하여 지구 수명 연장, 인간 멸종 연장 시스템으로 들어가 움직일 것이다.

그런 과정들이 가축들을 식용이 될 때까지 잘 키워 자동 도축 시스템으로 보내 자연스럽게 도축하는 과정과 무엇이 다른 것인가.

사람들이 나이가 다 되어 자기 수명 연장을 위해 좋은 음식과 약들을 먹고 건강을 위해 운동을 열심히 하는 모습과 무엇이 다른 것인가.

30년, 50년, 70년 그리고 수백억 년 사이에 때가 되면 사라지는 것이라면 100년과 수백억 년의 시간차는 아무런 의미가 없다.

그냥 사라지는 것.

사라진다는 것은 바다로 가는 것인가.

사라진다는 것은 우주로 가는 것인가.

사라진다는 것은 우주 밖으로 가는 것인가.

우주 밖은 • 점 하나 아닌가.

12.

ㅌ(티읕): 평화

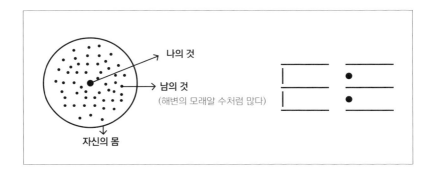

ㅌ(티읕)은 한글 자음 열두 번째 문자다.

❶ 한글 문자는 자연학적이고 인체학적이며 사회학적이고 과학적이다. 지구의 모든 형체, 모형, 빛과 그림자, 소리, 향기, 맛과 느낌들을 따뜻함과 차가운 온도 변화에 따라 선으로 의미하고 표현하는 형이상학적인 선의 문자이며 세상의 모든 자연을 보면서 세상에 살아가는 모든 생명체의 삶을 알 수 있게 하고 세상 사람들이 살아가는 사회를 살아가면서 세상 돌아가는 이치를 알 수 있게 하는 한글 문자의 선은 아름답고 신비한 문자다.

❷ 산과 숲속을 보면서도 한글 문자의 선을 느끼게 한다.

한글은 아름다운 선의 문자이며 ㄱ(기역)에서 ㅎ(히읗)까지 아름다운 선이 이어지는 문자다.

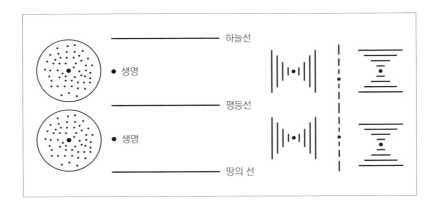

지구의 대기는 중력이 강해 대기권을 형성하고 있고 대기 중에는 산소가 21%, 질소가 78%, 다른 기체가 1% 이상을 차지한다. 지구의 온도는 적당하게 유지하고 있어 다양한 성분들이 상호작용을 하면서 협동적이고 조화롭다. 이산화탄소, 수증기, 오존 및 다양한 기체는 서로 연결되어 생태계를 조정하고 지구 기후에 영향을 미친다. 마치 지구 생명체들의 생태계와 비슷하며 사람들의 사회구조와도 비슷하다.

❸ ㅌ(티읕) 문자 맨 위의 ━ 선은 하늘선이며 • 점에서 시작되는 형이상학적인 하늘선 ━ ━ • • ━ ━ 선이다. •│ 선은 생명선이다.

ㅌ(티읕) 문자 중간 ━ 선은 모든 생명체의 영역선이며 평등선이다. 점에서 시작되는 형이상학적인 선이다. •│ 선은 생명선이

다.

ㅌ(티읕) 문자 맨 밑의 ━ ━ ━ • ━ ━ 선은 땅의 선이며 모든 생명체가 • 점에서 시작되어 자신에게 최적의 서식지를 찾아 여행할 수 있는 땅의 선이다.

ㅌ(티읕) 문자의 ☰ 위의 • | 선은 자신의 영역을 확보한 생명들의 선이다. 생명체들은 자연적인 분배가 이루어진 자연법칙에 따라 자신의 영역이 만들어지고 사람들은 사회의 규칙에 따라 시스템에 따라 자신의 영역선이 만들어진다.

ㅌ(티읕) 문자의 ☰ 밑의 • | 선은 생명체들마다 자신에게 좋은 삶을 영위할 수 있는 영역을 찾기 위해 여행을 시작하는 생명체의 선이다.

❹ 세계에는 다양한 문자가 존재한다. 문자 나름대로 그 나라가 가지고 있는 고유한 문화 속에서 만들어지는 과정에는 역사가 존재한다. 한글 문자도 만들어지는 과정에는 문화와 역사가 혼합되어 있음이며 한글은 자연학적이고 인체학적이며 세상의 모든 형태와 모형, 빛과 소리와 향기와 맛과 모든 느낌을 의미하고 뜻이 있는 형이상학적인 문자다. 한글 문자 속에는 한국의 옛 문화와 역사가 혼합되어 공존하고 있으며 한글 문자는 고유한 아름다움이 섞여 있는 문자이다.

평화

　이방인의 마음으로 눈으로 한국의 평화는 언제, 한국의 정치는 언제, 민생을 위한 정치가 평화롭게 진행될까.

　한국은 언제쯤 남북통일이 될 것인가.

　현재 남북 간 노동 착취는 어느 쪽의 압력이 강한 것인가.

　깊은 바닷속 살아가는 기도 없는 무관표 물고기들의 삶같이 살아가는 곳은 남북 중 어느 쪽인가.

　북한 정치는 민생을 위한 정치인 것일까.

　북쪽 민생의 영역과 인권은 얼마나 인정하고 살아가는 사회일까.

　직접 체험하지 못하면 알 수 없는 일이다. 무관표 물고기들은 자신이 강한 압력 속에 살아가는 것을 알지 못한다. 수면 위의 세상도 모른다. 바다의 넓이와 수면 위의 세상도 몰라 조용히 먹이만 찾아먹는 일만 알 뿐 세상일엔 눈먼 장님이다.

　무관표 물고기들은 급히 수면 위로 올라오면 부레가 입 밖으로 튀어나와 살지 못하고 죽어 버린다.

　교육, 연구, 사회, 정치, 문화에 짓눌려 살다 보면 자신의 삶에 대한 억압, 자유에 대한 억압을 알 수가 없다.

　그런 사회에서 그 압력에 행복해질 수 있겠지만 자신도 모르게 그 세상만 알지 수면 위의 세상은 알 수 없는 일이다.

　한국처럼 직업과 일, 단체의 조직 속에 짓눌려 살다 보면 자신의 삶, 자신의 자유가 스스로 억압받고 있다는 것을 알지 못한다.

스스로 행복해질 수 있겠지만 세상을 공평하게 판단하고 본다고 말할 수 없다. 세상을 잘 안다고 말할 수 없다.

어느 쪽이 무관표 물고기들 같은 삶을 살고 있는 것인가.

한국의 정치는 무엇을 하고 움직이는 것인가.

한국의 사회는 무엇을 위해 움직이고 있는 것인가.

한국은 벌써 일찍 통일이 되어 평화를 유지하며 살아가야 하는 것이 아닐까.

13.

ㅍ(피읖): 완성, 하늘과 땅과 인간의 순환

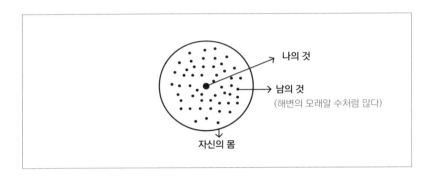

ㅍ(피읖)은 한글 자음 열세 번째 문자이다.

❶ 모든 물질은 높은 곳에서 밑으로 내려온다. 빛과 비와 바람과 구름들은 높은 곳에서 시작되어 낮은 곳으로 내려온다.

땅에 있는 모든 생명체가 빛과 비와 바람과 구름들이 주는 기운으로 땅을 풍족하게 만들어 나간다. 모든 생명체는 자연 속에서 자신의 영역을 자연적으로 분배받아 종족 번식을 하며 끊임없이 움직이며 여행을 하고 자신의 삶을 이어 나간다.

땅의 모든 생명체는 땅에서 풍요로움 속에 자신의 선을 만들어 나가며 ― 땅의 선에서 확실한 자신의 하늘선을 만들어 나간다.

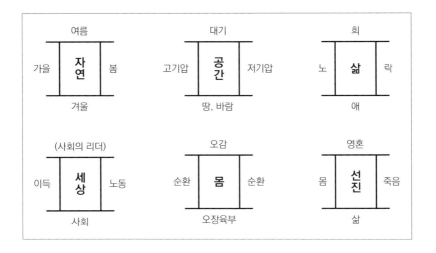

모든 물질은 높은 곳에서 밑으로 내려온다. 빛과 비와 바람과 구름들은 높은 곳에서 시작된다. 땅의 모든 생명체는 햇빛과 비와 자연의 순환 과정 속에서 땅의 수많은 영양소를 받아 땅을 더 풍족하게 만들어 나간다. 모든 생명체는 자연 속에서 자신의 영역을 ∧∧∧ 자연적으로 분배받아 종족 번식을 하며 ⅂⅂ 끊임없이 움직이며 땅 위에 풍요로운 삶을 만들어 ― 땅의 선에서 자신의 ― 하늘선을 만들어 나간다.

❷ 자연 ㅍ(피읖)

여름 ㅍ(피읖)의 맨 위의 ― 선은 여름선이며 하늘선이다. 언제나 풍요롭고 수많은 생명체에게 편안한 쉼터를 만들어 주며 양식과 보금자리를 만들어 준다.

ㅍ(피읖)의 옆의 | 선은 가을선이며 열매와 나뭇잎의 낙하의

선이다. 분배의 선이다.

ㅍ(피읖)의 맨 밑의 ─ 선은 겨울선이며 봄을 준비하는 땅의 선이며 순환을 준비하는 선이다.

ㅍ(피읖)의 밑에서 위로 올라가는 │ 선은 봄의 선이며 생명의 선이다. 자신의 하늘선을 만들기 위해 땅에 모아 둔 양분과 물을 순환시키기 위한 생명의 선이다.

한국의 여름, 가을, 겨울, 봄 사계절은 해와 달이 뜨고 지는 것처럼 순환한다. 왔다가 가고 또 온다. 드넓은 산과 들과 숲과 식물들은 해의 빛과 그림자와 계절의 온도 차이에 따라 형상들은 입체적으로 달라짐이며 자연의 다양한 변화들을 사람들과 모든 생명체가 온몸의 오감으로 느껴 가며 시간의 흐름과 사계절의 순환들을 온몸으로 체험한다.

사계절은 서로 침범하지 않음이며 역행도 하지 않으므로 멈춤 없이 순환하며 자연 속의 모든 생명체의 삶을 끊임없는 순환의 호흡으로 이끌어 간다. 사람들은 아무리 어려운 시련과 고난이 닥친다 해도 극복하고 꿈을 향해 도전하며 자연 속의 모든 생명체의 세계와 함께 순환의 호흡 ㅍ(피읖)의 선이다.

❸ 몸 ㅍ(피읖), 몸의 순환

학문적으로 물질은 에너지이며 인체의 에너지는 물질이기 때문에 빛과 시각, 소리들, 사람들이 먹고 있는 음식, 각종 물질의 향기, 모든 물질의 촉각들은 갑자기 생기지도 않고 사라지지도 않는다. 빛과 시각이 호흡과 함께 몸으로 들어와 다른 에너지로 전환됨이며 각종 소리들과 음식들도 호흡과 함께 사람들과 모든 생명체의 몸으로 들어와 끊임없는 몸 안의 작용으로 자른 에너지로 전환된다. 향기와 촉각들도 몸으로 전달되어 온몸은 반응하며 다른 에너지로 전환되어 끊임없이 움직임이며 물을 열로 가하면 수증기가 되어 하늘로 올라가지만 어떤 용기 속에 들어가 압력을 가하면 수증기의 압력은 커다란 터번을 돌릴 수 있는 것처럼, 운동에너지로 전환된 수증기는 다시 발전기를 거쳐 전기에너지로 전환되어 전환된 에너지는 순환함처럼 인체의 몸을 끊임없이 움직인다.

ㅍ(피읖)의 맨 위의 ― 선은 오감의 선이며 하늘선이다. 인체의 오감은 뇌와 직결, 온몸의 감각과 온몸의 신경으로 전달됨이며 신체의 세포, 조직기관으로 전달되고 오장육부를 조절한다.

ㅍ(피읖)의 위에서 옆의 | 선은 몸 신경 통로의 선이며 호흡의 선이다.

ㅍ(피읖)의 맨 밑의 ― 선은 몸의 세포와 조직기관과 혈액의 선이며

ㅍ(피읖)의 밑에서 위로 올라가는 | 선은 내부 호흡과 순환하는 혈액의 선이다.

인체의 피는 몸을 한 바퀴 순환하는 데 46초 걸린다.

혈관의 길이는 120,000km라 한다.

호흡을 통한 산소와 기체는 폐의 모세혈관을 통해 온몸에 산소를 공급하기 위한 피의 순환을 끊임없이 이어 간다. 동맥은 온몸을 순환하고 모세혈관을 통해 온몸에 산소를 공급하고 다시 노폐물인 이산화탄소를 모세혈관을 통해 정맥으로 온몸으로 순환시켜 다시 폐로 이동하는 과정을 거치면서 온몸을 끊임없이 움직이게 한다.

인체의 오감은 뇌와 몸의 모든 감각과 온몸의 신경으로 전달됨이며 전달된 오감을 통한 에너지는 신체의 세포, 조직기관으로 전달되어 인체의 오장육부를 조절하여 다시 오감의 기능으로 순환되어 끊임없이 순환하는 인체는 자연 속의 제일 강력한 생명체로 자리하고 있다.

❹ 삶 ㅍ(피읖), 삶의 순환

삶이란 작은 물고기 한 마리가 넓고 넓은 겨울 바닷속을 헤엄쳐 자연이 준 배당받은 자신의 영역을 ㅅ 더 굳건히 지켜 험난한 세상을 헤쳐 가며 살아가는 것이고 봄, 여름, 가을, 겨울 같은 순환의 법칙 속에 자신의 ― 하늘선을 만들어 가며 살아가는 것이 삶이다.

ㅍ(피읖)의 맨 위의 ― 선은 기쁨의 선이며 자신의 하늘선이다.

ㅍ(피읖)의 위에서 옆의 ㅣ 선은 노여움과 분노의 선이며 또 자신의 부를 남에게 나누어 주는 선이며 분배의 선이다. 세상에 부의 나눔과 분배의 분쟁은 한이 없으며 채워도 채워도 채워지지 않

는 것이 부의 분배와 인간의 분쟁이다. 자신의 부를 나눔과 사람의 욕심은 분배되는 그 안에 누구도 알 수 없는 자기만의 분노와 노여움의 선 안에 분배의 선이 같이 존재한다. 나누어 줌도 나누어 받음도 그 안에는 분노와 노여움이 존재한다.

ㅍ(피읖)의 맨 밑의 ― 선은 슬픔의 선이며 슬픔은 감정에 몰입하지 않아도 찾아온다. 순간적으로 파노라마처럼 슬픈 것들이 머릿속에 그려질 때와 갑자기 슬픈 소식을 들었을 때, 자신이 누구와 대화를 할 때 갑자기 찾아오는 슬픔은 사람들에게 눈물을 흘리게 하며 감정에 북받쳐 통곡을 하기도 한다. 눈으로 보이는 사물에 대한 애처로움, 자기만 느낄 수 있는 슬픔이 가슴속에 밀려올 때 사람들은 슬프다 한다.

또 자신의 삶이 가난의 연속이고 어려울 때 사람들은 슬픔을 느낀다. 슬픔은 사람들이 자신을 발견하는 과정이며 슬픔을 통해 일에 대한 즐거움, 세상의 모든 지식을 배우는 즐거움, 취미의 즐거움, 자신의 즐거움을 찾아가게 하는 통로와 같다. 슬픔이란 감정은 인생에서 무엇인가 찾을 수 있게 하고 자신을 성장하게 하고 세상을 알아가게 하는 치유의 약 같은 역할을 한다. 감정의 희, 로, 애, 락을 순환하게 하는 원동력 같은 역할을 하는 것이 슬픔이다.

ㅍ(피읖)의 밑에서 위로 올라가는 ｜ 선은 즐거움의 선이며 즐거움이란 감정 안에서 제일 안정된 감정이다. 기쁨과 분노와 슬픔

이 쌓여 있는 감정 속에 피어나는 꽃 같은 것이다. 여름, 가을, 겨울 속에 수많은 양분이 저장된 땅 위에 봄이 오면 푸르게 싹이 트는 풀의 새싹들, 나뭇가지에 피어나는 꽃봉오리들, 나뭇가지에 돋아나는 나뭇잎의 새싹들이 푸르게 변해 가는 자연의 모습들은 사람들의 감정, 즐거움이라는 감정의 모습과 같다. 희, 로, 애, 락의 감정은 끊임없이 순환하며 사람들의 삶은 역동적이며 활동적이다.

❺ 세상 ㅍ(피읖), 세상의 순환

사람들이 살아가는 세상은 사회 시스템들에 의해 끊임없이 움직이고 성장의 분배, 노동의 분배들을 끊임없이 순환하며 움직이고 또 성장의 분배, 노동의 분배들에 의해 사회적 갈등들이 끊임없이 생겨나는 것이 세상이다.

ㅍ(피읖)의 맨 위의 ― 선은 리더의 선이며 사회적 리더는 지속적으로 자기 계발과 학습이 필요하고 책임감과 인내력이 필수적이다. 어려움에 빠졌을 때 포기하지 않고 끝까지 최선을 다해야 하며 자신의 일은 팀원들과 조직, 사회에 대한 책임을 지는 것이다. 리더의 실수는 시스템들의 순환을 흔들리게 함이며 결국 책임을 져야 한다.

ㅍ(피읖)의 위에서 옆의 ㅣ 선은 성장 분배의 선, 노동 분배의 선이며 ㅍ(피읖)의 맨 밑의 ― 선은 사회, 가정의 선이다.

ㅍ(피읖)의 밑에서 위로 올라가는 ㅣ 선은 노동의 선이며 빈부

의 선, 능력의 선이다.

❻ 공간 ㅍ(피읖), 공간의 순환

ㅍ(피읖)의 맨 위의 — 선은 대기의 선이다.

ㅍ(피읖)의 위에서 옆의 | 선은 고기압의 선이며

ㅍ(피읖)의 맨 밑의 — 선은 땅과 바다의 선이다.

ㅍ(피읖)의 밑에서 옆의 | 선은 저기압의 선이다.

대기권에는 상승기류와 하강기류가 대기에 잘 섞여 구름, 비, 눈, 뇌전, 태풍 같은 자연현상을 일으킨다. 고기압들은 밑으로 하강하며 지구 자전의 영향을 받아 시계 방향으로 바람이 분다. 저기압은 가열된 공기가 바닷물을 증발시키며 수증기를 띤 공기는 위로 상승하며 지구 자전의 영향을 받아 반시계 방향으로 분다. 끊임없는 대기의 순환은 지구의 수많은 생명체가 숨 쉴 수 있는 공간을 만들어 준다. 대기의 순환으로 물도 같이 순환하며 지구의 모든 생명체에게 깨끗한 공간과 물을 제공하고 땅을 비옥하게 하는 역할을 한다. ㅍ(피읖)은 순환의 선이며 순환의 문자다.

❼ (정신) 선진 세계 ㅍ(피읖), 삶과 죽음

ㅍ(피읖)의 맨 위의 — 선은 영혼의 선이며

ㅍ(피읖)의 위에서 옆의 | 선은 인체의 선이다.

ㅍ(피읖)의 맨 밑의 — 선은 사람들의 삶의 선이며

ㅍ(피읖)의 밑에서 옆으로 올라가는 | 선은 죽음의 선이다.

영혼은 처음과 나중(끝없는 여정)으로 가는 길을 인도한다. 영혼은 사람들의 몸과 세상 속 삶의 길을 인도하여 삶의 여정의 끝, 죽음의 길에서 다시 영혼으로 가는 길을 인도한다. 영혼은 자신만이 만들어 내는 것이며 영혼은 하나님의 것이다. ㅍ(피읖)의 문자는 순환의 선이다.

14.

ㅎ(히읗)

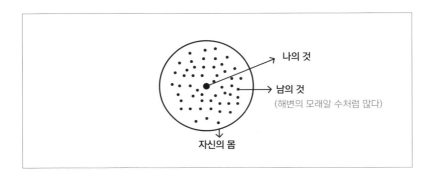

ㅎ(히읗)은 한글 자음 열네 번째 문자다.

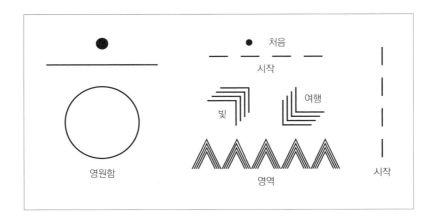

❶ ㅎ(히읗)은 • 처음, 점 하나로 ㄱ, ㄴ, ㄷ, ㄹ, ㅁ, ㅂ, ㅅ, ㅇ, ㅈ, ㅊ, ㅋ, ㅌ, ㅍ, ㅎ 형이상학적인 선이다. • 점은 해, 달, 별의 빛이다.

— 선은 점에서 시작되어 ㄱ(기역): 하늘이 되고 ㅣ 생명체의 선이다. ㄴ(니은): ㅣ 생명체의 선이고 — 땅의 선이 된다. ㄷ(디귿): 공간과 생명체의 선이 된다. ㄹ(리을): 하늘과 땅과 공간과 생명체 들이 서로 어울려 숨 쉬고 끊임없이 활동하며 자기의 삶을 살아가 는 선이다. ㅁ(미음): 국가의 땅, 남녀의 보금자리, 종족 번식의 안 식처, 결합의 상징선이다. ㅂ(비읍): 필요한 사람끼리 서로 결합하 여 생활의 터전을 만들어 가는 선이며 ㅅ(ㅅ): 종족마다의 영역, 사 람마다의 영역을 상징하는 선이다. 여행을 상징하는 선이다. ㅇ (이응): 하늘, 땅, 공간, 생명체, 보금자리, 번식, 결합, 스스로 갇 힘, 영역, 여행, ㄱ, ㄴ, ㄷ, ㄹ, ㅁ, ㅂ, ㅅ의 선이 들어 있는 선이 다. 영원함과 스스로 순환하는 선의 상징이다. ㅈ(지읒): 영역의 경 계선, ㅊ(치읓): 경계선을 넘으면 리더 아니면 실패이며 세상의 리 더는 결정된다. ㅋ(키읔): 벌, 행운, 경계선 침범자들의 형벌의 선 이다. ㅌ(티읕): 모든 자연은 평등의 선에서 살아가고 평화를 느끼 게 하고 찾게 한다. 평화의 선이다. ㅍ(피읖): 모든 자연은 순환하 는 선이다. ㅎ(히읗): 처음과 시작과 영원함의 상징선이다.

❷ 끊임없이 움직이고 변화하는 세상에서 변화하는 세상에 흔 들리지 않고 나답게 살아가고 있는 사람들은 얼마나 될까. 세상의

리더들은 나답게 살고 있는 것일까. 권력과 금력에 굴복하지 않고 영혼이 존재하는 삶을 살아가고 있는 것일까?

가령 세상의 리더들은 사회에서는 20%, 정치에서는 5%, 그 안의 해롭고 부패된 리더들이 15%쯤 되지 않을까?

그 밖의 국민 75%의 사람들 중 나답게 살아가는 사람들은 얼마나 되는 것일까?

사회, 단체들의 선동과 금력에 이끌려 가는 사람들, 온갖 좌절과 공격이 있는 생활이라 해도, 생활의 어려움이 닥치더라도, 남보다 유능한 능력이 없다 해도 자신만이 가지고 있는 능력이 있는 것만으로 만족하며 새로운 환경에서 취미를 찾고 자신을 발견하고 나답게 활발하게 활동하는 사람, 자신의 영혼을 가지고 살아가는 사람은 얼마나 되는 것일까?

꽉 찬 땅속, 꽉 찬 바다, 기체로 꽉 찬 대기, 꽉 찬 땅, 모든 것이 꽉 찬 지구는 순환한다. 인간의 몸 안에 필요한 장기들이 꽉 차 있으면서 독립적으로 끊임없이 기능들이 순환하며 끊임없이 활동한다. 사람들은 인체 오장육부의 기관들이 꽉 찬 완벽한 몸을 가지고 호흡하며 자연과 함께 순환한다. 누구의 뜻에 따라가지 않고 나답게 내 영혼과 함께 자신의 뜻대로 자신의 삶을 행복하게 살 수 있는 가치관을 가지고 살아가는 것이 사람들이 원하는 삶일 것이다.

한국은 예부터 전해 내려오는 옛 문화적 의식이 사라져 의식의 변화는 빠르게 전환되고 바뀐다. 한국은 스스로 움직이는 자전 능력이 미미한 상태다. 언제 어떤 변화가 올지 예측하기 불가능하다. 이제 선진국 소리를 듣고 있는 한국이지만 언제나 안정적이지 못하다. 자주국방이 50년 걸렸으니 앞으로 50년 후면 스스로 자전하는 나라, 한국이 세계를 선도하는 선진국이 될까?

삶

점 하나와 나와 생명체들. 점 하나가 내 머릿속에 아른거린다. 평화에 쌓인 모두 잠든 밤, 내 머리 위에 아름답게 빛나는 밤하늘의 별들.

내가 차를 타고 아무리 빨리 이동한다 해도 저 별들 밑에서 나는 탈출할 수 없다.

세상 속에서 살아가는 모든 생명체와 나는 저 별들 밑에서 탈출할 수 없다. 세상 사람들의 욕망, 야망, 욕심과 성취욕들로 저 별들 밑에서 탈출할 수 없다.

지구 탈출 속도 11.2km/s.

지구를 벗어난다 해도 우주 공간은 공허한 어둠뿐.

점 하나가 머릿속에 아른거린다.

세상 속에서 나와 생명체가 노력해 살아온 만큼 세상과 어울려 힐링하며 살아간다는 것은 좋은 삶을 살아가는 것이다.

15.

자음과 모음

자음 ㄱ, ㄴ, ㄷ, ㄹ, ㅁ, ㅂ, ㅅ, ㅇ, ㅈ, ㅊ, ㅋ, ㅌ, ㅍ, ㅎ
모음 ㅏ, ㅑ, ㅓ, ㅕ, ㅗ, ㅛ, ㅜ, ㅠ, ㅡ, ㅣ
중모음 ㅢ, ㅘ, ㅟ, ㅖ, ㅙ, ㅑㅣ, ㅞ, ㅒ, ㅛㅑ, ㅚ, ㅔ, ㅛㅣ, ㅠㅖ

모음 ㅏ, ㅑ
자음 ㄱ, ㄴ, ㄷ, ㄹ, ㅁ, ㅂ, ㅅ, ㅇ, ㅈ, ㅊ, ㅋ, ㅌ, ㅍ, ㅎ

ㅏ, ㅑ의 모음은 위 자음과 결합하여 목청에서 나오는 소리를 윗몸과 입술을 통해 밖으로 소리를 내보내는 음.

모음 ㅓ, ㅕ
자음 ㄱ, ㄴ, ㄷ, ㄹ, ㅁ, ㅂ, ㅅ, ㅇ, ㅈ, ㅊ, ㅋ, ㅌ, ㅍ, ㅎ

ㅓ, ㅕ의 모음은 위 자음과 결합하여 목청에서 나오는 소리를 잇몸과 입술을 통해 안으로 소리를 모으는 음.

모음 ᅩ, ᅭ

자음 ㄱ, ㄴ, ㄷ, ㄹ, ㅁ, ㅂ, ㅅ, ㅇ, ㅈ, ㅊ, ㅋ, ㅌ, ㅍ, ㅎ

ᅩ, ᅭ의 모음은 위 자음과 결합하여 목청에서 나오는 소리를 잇몸과 입술과 코를 통해 위로 소리를 올리는 음.

모음 ᅮ, ᅲ

자음 ㄱ, ㄴ, ㄷ, ㄹ, ㅁ, ㅂ, ㅅ, ㅇ, ㅈ, ㅊ, ㅋ, ㅌ, ㅍ, ㅎ

ᅮ, ᅲ의 모음은 위 자음과 결합하여 목청에서 나오는 소리를 잇몸과 입술과 코를 통해 밑으로 소리를 내리는 음.

모음 ㅏ, ㅑ, ㅓ, ㅕ, ᅩ, ᅭ, ᅮ, ᅲ, ㅡ

자음 ㄱ, ㄴ, ㄷ, ㄹ, ㅁ, ㅂ, ㅅ, ㅇ, ㅈ, ㅊ, ㅋ, ㅌ, ㅍ, ㅎ

ㅡ, ㅣ 모음은 위 자음과 결합하여 목청에서 내는 소리를 코를 통해 소리를 머물게 하는 음.

모음 ㅏ, ㅑ, ㅓ, ㅕ, ᅩ, ᅭ, ᅮ, ᅲ, ㅡ, ㅣ

자음 ㄱ, ㄴ, ㄷ, ㄹ, ㅁ, ㅂ, ㅅ, ㅇ, ㅈ, ㅊ, ㅋ, ㅌ, ㅍ, ㅎ

모음은 음표와 음계 같은 역할을 하여 자음과 결합되어 세상의 모든 소리를 흉내 낼 수 있게 하는 훌륭한 역할을 담당하여 한글은 끊임없이 움직이고 살아 있는 문자라 할 수 있다.

순환하고 생동하는 형이상학적인 문자이다.

한국의 국악, 한국의 농악, 한국의 종묘제례악, 모든 전통 춤은 한글 문자와 서로 같은 맥락이 아니던가.

모음 ㅏ, ㅑ, ㅓ, ㅕ, ㅗ, ㅛ, ㅜ, ㅠ, ㅡ, ㅣ

모음의 형태는 자연 속의 물의 형태의 모습이다. 무의 공간에서 땅과 물질의 형태 ㅡ, ㅣ 선이며 ㅏ, ㅑ, ㅓ, ㅕ, ㅗ, ㅛ, ㅜ, ㅠ 선은 생명의 근원, 물의 형태의 모습이 아니던가.

물과 전기의 음(-)과 양(+)의 형태와 같다.

맺는말

✳

✳

✳

　현실적으로 내 앞에 볼 수 있는 모든 물체는 공간을 통하지 않고서는 볼 수가 없다. 나는 나와 물체 사이에 존재하는 공간에 대해 물체보다 더 큰 의미를 부여하고 싶다. 또 인정하고 싶다. 공간은 나의 마음이고 사상이 될 수 있고 공간은 사람의 정신이 새롭게 발원할 수 있는 발원지의 역할을 할 수 있는 무한한 의미가 들어 있기도 한 곳이다.

　사람들은 제 나름대로 가지고 있는 어느 사람의 마음과 사상과 정신을 진실적이라고, 현실적이라고 좋다, 나쁘다 말하지 못한다.

　우리가 살아가고 있고 숨 쉬고 있는 넓은 공간에서 빛과 그림자가 서로 어울리고 낮과 밤이 서로 어울려 움직이는 세상 속에서 사람들도 모두 움직이는 존재들이다. 사람들은 눈을 통해 우리 몸 안의 광섬유처럼 섬세하게 연결되어 있는 모든 감각과 신경계통의 통로로 빛살처럼 빠르게 우리의 뇌로 정보들이 전달되어 온몸을 반사적으로 눈이 감기는 순간까지 쉬지 않고 움직이는 존재들이기 때문에 우리의 몸은 모든 자연과 연결되어 있고 자연과 똑같이 닮은 존재이기 때문에 우리가 잠시 숨 쉴 수 있는 곳은 저 넓고 맑은 공간이고 싶다.

모두가 자기 나름대로 공간을 가지고 제 나름대로 마음과 사상과 정신을 가지고 살아가는 세상.

누구나 가지는 자신의 영역 안에서의 공간은 무한하다.

한글을 위한 생각들

1판 1쇄 발행 2024년 11월 08일

지은이 김항만

교정 주현강 **편집** 김다인 **마케팅·지원** 김혜지

펴낸곳 (주)하움출판사 **펴낸이** 문현광

이메일 haum1000@naver.com **홈페이지** haum.kr
블로그 blog.naver.com/haum1000 **인스타그램** @haum1007

ISBN 979-11-94276-40-1(03700)

허우적, 허우적······.

그래도 자신의 알들을 지키기 위해 꼬리를 쉬지 않고
움직였다.

그런데 배고픈 물고기 떼들은 잠시 가는 척하다가 다시
몰려왔다.

'내 알들을 내어 줄 순 없어!'

금방 쓰러질 것 같은 금빛머리가 어디서 힘이 났는지
배고픈 물고기들을 쫓아냈다.

금빛머리는 배고픈 물고기들을 유인해야겠다고 생각했
다. 몸이 점점 허물어지고 있었다.

'아기들아, 미안해. 세상 살아가는 방법을 가르쳐주지
못하고 떠나서!'

물결이 출렁거렸다.

금빛머리는 깊은 바다로 내려갔다.

배고픈 물고기들이 거기까지 따라왔다.

'너희들도 살아야겠지!'

금빛머리는 장어로 살아온 것을 후회하지 않았다. 살이
뜯기면서도 세상을 다 이긴 흡족한 웃음을 웃고 있었다.

'내가 엄마가 되면 엄마를 만날 수 있다고 하셨어!'

금빛머리는 할아버지 거북이가 하신 말씀을 떠올렸다.

'아! 엄마가 나였고, 내가 엄마였구나!'

금빛머리가 낡은 전구처럼 자꾸 깜박거렸다.

마음을 내려놓은 금빛머리는 어느 때보다 편안했다.

아가미의 움직임이 점 점 점…….

뽀글

뽀글

뽀글